DIE SCHÖNSTEN GESCHICHTEN AUS DEM ALTEN TESTAMENT

MIT ILLUSTRATIONEN VON BURKHARD NEIE

NACHERZÄHLT VON MATTHIAS REINER

INSEL VERLAG

Insel-Bücherei Nr. 2056

DIE SCHÖNSTEN GESCHICHTEN AUS DEM ALTEN TESTAMENT

INHALT

»Und siehe,
ich bin mit dir
und will dich behüten,
wo du hinziehst.«
Genesis 28,15

DIE ENTSTEHUNG DER WELT

Und an allem Anfang, so ist es in den heiligen Schriften verzeichnet, erschuf Gott die Welt und darin den Menschen. Licht drang ein in die allumfassende Finsternis, auf dass die Erde nicht länger öde und düster sei. Und die Lichtstrahlen schieden auch für alle Zeiten den Tag von der Nacht. An deren Anfang und Ende sollten fortan der Morgen und der Abend stehen. Am Morgen konnte die Welt erwachen, die zuvor im Schlaf gelegen hatte. Die Helligkeit würde kommen und gehen, in immer wiederkehrenden Zyklen. Dies wurde geschaffen am ersten Schöpfungstag des Herrn.

Auch Himmel und Erde sollten sich fortan voneinander lösen und eigene Sphären bilden. Und auf der Erde trennte sich nach Gottes Willen das unendliche Meer vom festen Land, auf dessen fruchtbarem Boden Gräser und Kräuter, Bäume und Sträucher wachsen sollten. Sie wiederum würden Körner, Samen und Beeren tragen, die das Werk der Fruchtbarkeit fortführten. Und so vergingen der zweite und dritte Tag in dieser neu entstehenden Welt.

Am vierten Tag endlich schuf der Herr die Sonne, den Mond und die Gestirne des Himmels, alle sollten ihren festen Platz am Firmament haben, zu ordnen nicht nur Tag und Nacht, sondern auch Tage, Monate und Jahre.

Als Nächstes kamen die Lebewesen hinzu, die Gottes Reich bewohnen würden: Tiere, die im Wasser leben konnten, Tiere, die in den Lüften zu fliegen imstande waren, und all die anderen Tiere,

die auf dem festen Boden heimisch wurden. Sie alle – so war es der Wille des Herrn – sollten in den verschiedenen Elementen leben, sich ernähren und für ihre Vermehrung sorgen können.
Am sechsten Tag der Schöpfung formte Gott die ersten Menschen, Mann und Frau, Adam und Eva, nach seiner Vorstellung. Nahrung war nun in Fülle für sie vorhanden, sie würden in der neu geschaffenen Natur leben können. Und auch sie sollten sich mehren: »Füllet die Erde und macht sie euch untertan und herrschet über die Fische im Meer und die Vögel unter dem Himmel und über alles Getier, das auf der Erde kriecht.«
Und so war der Abend des sechsten Tages angebrochen, der Herr blickte mit Genugtuung auf das, was aus seinen Händen und vor seinen Augen entstanden war. Und er ruhte sich am siebten Tage von seinen Schöpfungswerken aus. Dieser Tag sollte von nun gesegnet sein und er ließ die Menschen wissen, dass auch sie ihn in Ehren zu halten hätten. An jedem siebten Tag sollten sie selbst innehalten, um Gottes Werk zu gedenken.

IM GARTEN EDEN

Und Gott wies den Menschen einen Ort zum Leben zu, das Paradies. Dieser wundervolle Garten Eden war an allen vier Seiten durch dichtes Busch- und Rankenwerk abgegrenzt, aber im Inneren blühten Blumen in allen Farben und Formen. Hohe Sträucher voller Beeren wuchsen hier, sanfte Gräser und Bäume, an denen Zitronen, Orangen und Datteln reiften. Kleine und große Tiere strichen friedlich durchs Unterholz, bunte Vögel schwirrten am Himmel über ihnen. Vier Flüsse, sie hießen Pischon, Gihon, Tigris und Euphrat, teilten den großen Garten, so dass der Boden fruchtbar war. Adam und Eva ließen sich ebenso wie die Tiere am Ufer nieder, um von dem Wasser zu trinken. Zwei Bäume standen in der Mitte des Paradieses, die keinem der anderen ähnlich waren: der Baum des Lebens und der Baum der Erkenntnis des Guten und Bösen. Alles sei ihnen in dem Paradies erlaubt, hatte Gott sie wissen lassen, nur die Früchte vom Baum der Erkenntnis sollten sie unangerührt lassen. Wer sie esse, müsse sterben.

Adam und Eva streiften durch ihren herrlichen Garten, freuten sich über die Vielfalt der Pflanzen, kosteten die vielfarbigen Früchte und gaben allen Tieren, die sie im Paradies antrafen, einen Namen. Kleider brauchten sie nicht. Selbst in der Hitze des Mittags gab es überall schattige Orte, schlafen konnte man auf den warmen Gräsern. Und ihrer Nacktheit schämten sie sich nicht.

Da hörte Eva, wie die Schlange zu ihr sprach: »Koste die Früchte

vom Baum hier in der Mitte des Gartens! Es stimmt nicht, was Gott euch gesagt hat. Ihr werdet nicht sterben, wenn ihr sie gegessen habt, vielmehr werdet ihr weise sein wie der Herr selbst, da ihr fortan selbst wissen werdet, was gut und was böse ist.« Die Früchte sahen verlockend aus, niemand würde es wohl bemerken, wenn sie eine Frucht pflückte, also nahm Eva einen dieser Paradiesäpfel und teilte ihn mit Adam. Giftig war er offenbar nicht, sondern süß und wohlschmeckend. – Warum nur gingen sie unbekleidet durch den Garten? Und sie nahmen Blätter von den Bäumen und bedeckten ihre Blößen. Da hörten sie die Stimme des Herrn: »Wo bist du, Adam? Versteckst du dich vor mir?« Und Adam antwortete: »Ich bin nackt und fürchtete mich.« »Wer hat dir gesagt, dass du nackt bist? Habt ihr die Früchte gegessen, deren Verzehr ich euch verboten hatte?« Eva gab der Schlange die Schuld, sie habe sie verführt, das göttliche Gebot zu übertreten. »So soll die Schlange für immer eure Gegnerin sein, die euch in die Beine beißt. Dir, Eva, will ich ein mühseliges Leben aufbürden, unter Schmerzen sollst du deine Kinder gebären, den Acker sollst du, Adam, mit viel Arbeit und Schweiß bestellen. Und Staub seid ihr und Staub werdet ihr wieder werden! Und damit ihr euch nicht auch noch am Baum des Lebens vergeht, verweise ich euch für immer aus dem Paradies.« Und Adam und Eva wurde aus dem herrlichen Garten vertrieben, am Tor stand ein Engel mit Flammenschwert, der ihnen eine Rückkehr unmöglich machte. Sie würden ihr Leben von nun an jenseits von Eden bestreiten müssen.

KAIN UND ABEL

Eva aber schenkte zwei Söhnen das Leben. Kain, der Ältere, bewirtschaftete die Felder, baute Getreide an, sein Bruder Abel hütete die Schafherden der Familie. Regelmäßig brachten sie dem Herrn Opfergaben dar: Kain suchte dafür seine schönsten Feldfrüchte aus, Abel opferte seine erstgeborenen Lämmer. Der Rauch von Abels kleinem Altar stieg senkrecht in den Himmel auf, Kains Gaben hingegen schien der Herr zu verschmähen, der Wind blies in sein Feuer, es drohte zu verlöschen. Kain sah es mit Missbehagen, Wut bemächtigte sich seiner Sinne. War sein Opfer weniger wert? Warum bevorzugte der Herr seinen jüngeren Bruder? Und er blickte stumm auf den Ackerboden. Obwohl er die Stimme seines Gottes zu hören meinte, die ihm riet, sich nicht zu erzürnen und gegen ihn zu versündigen, suchte er Abel auf und sagte: »Lass uns heute zusammen aufs Feld gehen!« Und als ihm Abel den Rücken zukehrte, da ergriff er einen Stein und schlug seinen Bruder tot.

Der Herr fragte ihn: »Wo ist dein Bruder Abel?« Kain antwortete: »Ich weiß es nicht, bin ich meines Bruders Hüter?« »Suche keine Ausflüchte«, sprach Gott, »die Stimme des Blutes deines Bruders schreit zu mir von der Erde. Verflucht sein sollst du auf der Erde, dein Acker werde unfruchtbar, heimatlos sollst du werden!« Kain erschrak: »Nimm diese Strafe von mir«, bat er, »sie ist zu hart. Ich werde auf ewig ein Flüchtling auf dieser Erde sein und wenn mich jemand erkennt, wird er mich ebenso töten, wie ich meinen Bruder Abel getötet habe.« Und der Herr versah ihn mit einem Mal. Das Zeichen werde verhindern, dass man ihn erschlage, aber Kain würde wandern müssen über die Erde, auf immer unstet und ohne Erlösung.

NOAHS ARCHE

Viele Jahre waren ins Land gegangen seit der Vertreibung von Adam und Eva aus dem Paradies. Ihr dritter Sohn Seth hatte eine Familie gegründet, seine Nachkommen hatten wieder Kinder und Kindeskinder bekommen, die Menschen bevölkerten immer zahlreicher die Erde des Herrn. Sie wurden an neuen Orten sesshaft, rodeten dort Flächen und bebauten die Felder. An Gott, der sie und die Welt geschaffen hatte, dachten sie kaum noch. Seine Mahnungen und Weisungen schienen vergessen zu sein. Die Menschen dachten vor allem an ihren eigenen Vorteil. Nächstenliebe, Selbstlosigkeit und Zwiesprache mit Gott waren der Bosheit und dem Frevel gewichen. Nur einer schien anders zu sein, er betete regelmäßig, dankte seinem Herrn, indem er ihm reiche Opfergaben darbrachte, und erzog seine Familie in seinem Glauben. Der Herr betrachtete Noah mit Wohlgefallen. Und Noah erschrak, als Gott ihm sagte, dass ihn seine Schöpfung reue, er die Menschen wegen ihrer fortdauernden Bosheit vernichten wolle, nur er, Noah, solle Gnade vor diesem furchtbaren Strafgericht finden. »Das Ende allen Fleisches ist bei mir beschlossen, denn die Erde ist voller Frevel von ihnen, und siehe, ich will sie verderben mit der Erde. Mache dir einen Kasten aus Tannenholz und mache Kammern darin und verpiche ihn mit Pech innen und außen.« Dieses große kalfaterte Schiff solle Platz bieten für ihn, seine Frau und die drei Söhne Sem, Ham und Jafet mit ihren Frauen. Und

von jedem Tier, das auf der Erde lebe, solle er zwei, je ein Weibchen und ein Männchen, mitnehmen.
Noah wunderte sich sehr: ein Schiff, mitten in der Sandwüste? Die Arbeit an der großen Arche brauchte viel Zeit, aber schließlich gingen Noahs Familie und die Tiere an Bord, große Mengen an Proviant und Futter wurden ebenfalls eingeladen. Denn Gott hatte ihn wissen lassen, dass ein großer Regen kommen werde, der alles Lebende verschlänge. Und so geschah es. Es war kaum eine Woche vergangen, nachdem Noah und die Seinen auf das hölzerne Hausboot gezogen waren, da öffneten sich die Schleusen des Himmels und ein Unwetter brach aus, das vierzig Tage und vierzig Nächte währte. Ununterbrochen zogen schwarze Wolken auf und weitere Wassermassen ergossen sich auf den ausgedörrten Boden. Schließlich war alles feste Land überschwemmt, das Wasser riss Menschen und Tiere ausnahmslos mit sich. Noah konnte von Bord der Arche keinen Berg oder Hügel mehr sehen, der aus dem Wasser ragte. Das Schiff aber, das der Herr Noah hatte bauen lassen, schwamm auf den Wellen und blieb unversehrt während der großen Flut.
Allmählich ließ der Regen nach. Fast ein halbes Jahr war vergangen, als Winde aufkamen und die gewaltigen Sintfluten langsam abflossen. Die Menschen in der Arche waren inzwischen ungeduldig geworden. Ob man nicht bald nach draußen gehen könne? Noah bat sie abzuwarten. Dann ließ er einen der Vögel ausfliegen, der aber bald zurückkam, weil er nirgends Nahrung fand oder einen Platz, um sich niederzulassen. Nochmals rief Noah seine Familie zur Geduld auf. Schließlich ließ er wieder eine Taube ausfliegen. Sie brachte einen kleinen Zweig von einem Ölbaum im Schnabel zurück. Da wusste Noah, dass sie nun bald auf festen Boden zurückkehren könnten. Dort würde er als Erstes einen Altar für den Herrn bauen und ihm ein Dankopfer darbringen. Beim nächsten Mal kam die ausgesandte Taube nicht mehr zurück. Nun konnten alle Menschen und Tiere die Arche verlassen. Der Herr

aber sprach zu sich: »Ich will hinfort nicht mehr die Erde verfluchen um der Menschen willen; denn das Dichten und Trachten des menschlichen Herzens ist böse von Jugend auf.« Mit Noah schloss er einen Bund für die Zukunft, er segnete ihn und seine Familie: »Seid fruchtbar und mehret euch und füllet die Erde.«

DER TURMBAU ZU BABEL

Zu jener Zeit gab es nur eine einzige Sprache, alle Menschen konnten sich mit ihren Worten schnell und einfach verständigen. Die Kinder und Kindeskinder Noahs hatten sich mittlerweile weit verbreitet auf den fruchtbaren Böden der Erde, auch nach Osten ins Schwemmland des großen Zweistromlandes, vom Taurusgebirge bis hin zu den Ufern des Meeres am Persischen Golf. Dort in der Ebene von Schinar wollten sie nun eine große Stadt errichten. Ziegel wurden gebrannt und Erdpech als Mörtel herbeigeschafft, ein gewaltiger Turm sollte entstehen als Wahrzeichen der neuen Stadt, die Babel heißen sollte. Der Ruhm der Stadt werde unermesslich sein, wenn wir den Bau bis hoch in den Himmel ragen lassen, sagten die Menschen, bis dorthin, wo Gott wohnt. Und wir selbst werden dadurch bekannt in aller Welt und unsterblich sein. Der Herr aber hörte die Anmaßungen und blickte mit Missfallen auf das entstehende monumentale Bauwerk.
Der Turmbau war bald fortgeschritten, die Menschen blickten stolz auf ihr Werk, das jeden Tag weiter in den Himmel wuchs. Da kam Gott herab nach Babel, um die Stadt und den Turm aus der Nähe zu betrachten. Und er verwirrte die Sprache der Menschen. Nun redeten alle durcheinander, keiner verstand mehr die Worte des anderen! Anweisungen für den Bau konnten nicht mehr durchgeführt werden, Missverständnisse sorgten für Unfälle und Streit. Handgreiflichkeiten folgten, schließlich blieben die Ziegelsteine liegen. Das Bauen machte so keinen Sinn mehr. Der Turm zu Babel aber blieb eine Ruine und ein Mahnmal. Die Menschen, die dort wohnen wollten, zerstreuten sich. Aber der Name der Stadt sollte weltberühmt werden.

ABRAMS LEBENSREISE

Abram war ein Nachkomme Noahs, er lebte zusammen mit seinem Vater Terach im Norden Mesopotamiens, dem Land entlang der Flüsse Euphrat und Tigris, in der Stadt Heran. Große Herden und andere Besitztümer konnte er sein Eigen nennen. Und er war ein frommer und gottesfürchtiger Mann. Eines Nachts vernahm er die Stimme des Herrn: »Geh aus deinem Vaterland und deiner Verwandtschaft und aus deines Vaters Hause in ein Land, das ich dir zeigen will. Ich will dich segnen und dir einen großen Namen machen.« Da machte sich Abram auf mit seiner Frau Sarai und dem Sohn seines verstorbenen Bruders, der hieß Lot, um aus dem Zweistromland in das Land Kanaan zu ziehen, das sich weit westlich zwischen dem Jordan und der Küste des Mittelmeers erstreckte. Aber dort war nicht ausreichend Weideland für beide Familien und ihre Ziegen und Schafe vorhanden. Da sagte Abram zu seinem Neffen: »Wir können nicht zusammenbleiben, unsere Herden sind zu groß. Wähle du, Lot, wohin du ziehen willst, ich schlage dann die entgegengesetzte Richtung ein! Wir wollen deshalb nicht in einen Streit geraten.« Lot wählte die fruchtbaren Ebenen am Jordan und zog in Richtung der Stadt Sodom, wo er sich niederlassen wollte. Abram aber wanderte mit seinem Tross weiter und siedelte sich in Hebron an. Dort baute er einen Altar für seinen Gott und da er fleißig und zu allen Menschen freundlich war, konnte er seinen Wohlstand weiter mehren.

Sarais und Abrams einziger Kummer war, dass sie keine eigenen Nachkommen hatten. Gott hatte ihnen das ganze Land Kanaan für ihre Kinder und Kindeskinder versprochen. Wie sollte sich das bewahrheiten, dachte Abram, sie waren nun schon zu alt, um ein Kind zu zeugen. Der Herr aber sprach: »Sieh gen Himmel und zähle die Sterne; kannst du sie zählen? So zahlreich sollen eure Nachkommen sein.« Weitere Jahre gingen ins Land. Da standen eines Tages Fremde vor ihrem Zelt. Abram lud sie ein, mit ihnen zu essen, Sarai brachte frischgebackenes Brot und reichlich Speisen, die sie den Gästen an einem schattigen Platz unter den Bäumen vorsetzte. Einer der Fremden sagte zu ihnen: »In Jahresfrist werden wir wiederkommen und dann wirst du, Sarai, von einem Sohn entbunden worden sein. Er soll Isaak heißen.« Sarai aber lachte: »Wie soll das zugehen, wir sind beide schon Greise?« In der Nacht vernahm Abram wieder die Stimme Gottes: »Sollte dem Herrn etwas unmöglich sein?«
Es war aber in dieser Zeit Unheil über die Städte Sodom und Gomorrha gekommen. Kriege hatten die Landschaft heimgesucht, die Bewohner schienen sich von Gott abgewandt zu haben. Abram dachte immer wieder an Lot und seine vielen Verwandten, die dort lebten. Der Herr aber sprach zu ihm, dass er die Menschen dort bestrafen wolle, sie achteten seine Gebote nicht und lebten in Sünde, er werde die Städte zerstören. Abram fragte: »Willst du denn den Gerechten mit dem Gottlosen umbringen?« Er wolle wenigstens fünfzig oder vierzig oder dreißig Gerechte dort finden, auf dass Gott sein Strafgericht abwende. Aber selbst Lot konnte nur seine Frau und seine beiden Töchter bewegen, die bedrohte Stadt zu verlassen, keiner der anderen Bewohner wollte ihm glauben, dass eine Katastrophe bevorstünde. Abram stand indessen auf einem nahe gelegenen Berg und blickte nach Sodom. Dort, im Tal Sittim, schien es Feuer und Schwefel zu regnen, selbst das Harz der Bäume und das Pech im Boden mussten sich entzündet haben. Beide Städte mitsamt den Menschen wurden ausgelöscht, gingen

in dem Inferno unter. Und Lots Frau hörte nicht die Weisungen Gottes. Sie blickte zurück auf die brennende Stadt, anstatt rasch zu fliehen, und versteinerte.

In Hebron war noch kein Jahr vergangen und ein Wunder geschah. Sarai gebar einen Sohn, den nannten sie, wie es ihnen aufgetragen war, Isaak oder Yitzchak, das heißt: Gott lacht. Ihr Glück war nun vollkommen. Und der Knabe wurde von Sarai gestillt und wuchs gesund heran. Gott aber legte Abram noch eine schwere Prüfung auf, die das denkbar Schlimmste von ihm zu fordern schien: »Abram, hier bin ich. Nimm Isaak, deinen einzigen Sohn, den du liebhast, und geh hin in das Land Morija und opfere ihn dort zum Brandopfer auf einem Berge, den ich dir sagen werde.« Konnte das wahr sein? Viele Male hatte er die Stimme Gottes vernommen, fast immer hatte ihn erstaunt, was er hörte. Aber diese Botschaft war nicht zu begreifen. Am nächsten Tag machte er sich früh auf, ohne Sarai zu wecken, nahm seinen Sohn, sammelte Brennholz und sucht den Ort, den ihm der Herr genannt hatte. Als sie am dritten Tag von dem Esel abstiegen, fragte Isaak: »Mein Vater, du hast Holz, willst ein Feuer entfachen auf dem Stein dort, wo ist das Schaf für dein Opfer?« Abram schwieg. Dann antwortete er: »Mein Sohn, Gott wird sich ersehen ein Schaf zum Brandopfer.« Und sie traten zu dem Altar, Abram schichtete einen kleinen Holzstoß darauf, packte Isaak, fesselte ihn und legte ihn obenauf. Aber als er sein Messer nahm, ertönte eine Stimme vom Himmel: »Abram, halt ein! Vergeh' dich nicht an deinem Blut, ich habe nun gesehen, dass du mich fürchtest. Selbst deinen eigenen Sohn hättest du nicht um meinetwillen geschont.« Und Abram sah einen Widder, der sich im Strauchwerk verfangen hatte, den nahm er und opferte ihn seinem Herrn an seines Sohnes Stelle. Seine Kräfte verließen ihn nun und er sank auf die Knie. Isaak lebte! Da hörte er die Stimme erneut: »Weil du solches getan hast und hast deines einzigen Sohnes nicht verschont, will ich dich segnen und durch deine Nachkommen sollen alle Völker auf Erden gesegnet

werden, weil du meiner Stimme gehorcht hast.« Abram nahm seinen Sohn an der Hand, sie bestiegen ihren Esel und ritten zurück. Beide sprachen kein Wort.

Sarai erreichte ein hohes Alter. Als ihr Leben zu Ende ging, beweinte sie Abram und begrub den Leichnam in einer Höhle bei Hebron, wo er selbst eines nicht allzu fernen Tages liegen wollte. Zu seinem treuesten Knecht aber sagte er: »Wir wollen nun Isaak verheiraten, aber ich möchte nicht, dass er eine Frau aus diesem Land wählt, sondern eine aus meiner alten Heimat. Bitte brich gleich auf und mache diese Brautfahrt für mich, denn ich kann sie selbst nicht mehr unternehmen. Der Herr wird deine Wege leiten.« Und so machte sich der Knecht auf gen Mesopotamien, auf dass er ein Mädchen dort in der weiteren Verwandtschaft Abrams fände, welches schön und gottesfürchtig und willens wäre, ihm zu folgen zu einem unbekannten Mann im Land Kanaan. Nach vielen Tagesreisen stand er schließlich vor der Stadt, in der Nahor lebte, der war ein Bruder Abrams. Er wartete, bis er seine Kamele an dem Brunnen tränken konnte. Viele Menschen aus der Stadt waren an diesem Abend gekommen, um dort Wasser zu schöpfen. Da trat auch eine schöne junge Frau an die Wasserstelle und ließ ihn von ihrem Krug trinken, denn sie sah, dass er eine weite Wegstrecke zurückgelegt hatte. Auch seine Kamele versorgte sie. Da fragte er: »Wer bist du, aus welcher Familie kommst du?« Sie antwortete: »Ich bin Rebekka, die Tochter Betuels.« Da freute sich Abrams Knecht und sagte ihr, in wessen Auftrag er reise, denn Betuel war ein Neffe Abrams. Rebekka lud ihn ein in das Haus ihres Vaters. Sie wollten ihm Speisen und Getränke vorsetzen, aber er sagte: »Erst will ich das Anliegen meines Herrn vorbringen.« Und als er seine Rede beendet und ihnen Geschenke Abrams überreicht hatte, da verstanden Betuel und alle Umstehenden, dass nur der Herr dieses Zusammentreffen herbeigeführt haben konnte. Sie fragten Rebekka, ob sie mit dem Mann ziehen wolle, um die

Frau von Abrams Sohn Isaak zu werden. Und sie antwortete: »Ja, ich will es.« Als sie auf der Rückreise endlich anlangten in Hebron, lernte sie auch Isaak kennen, er gefiel ihr wohl, sie gewann ihn lieb und sie heirateten, wie es vorhergesehen war. Nun konnte auch Abram in Frieden sterben, da er sein Haus bestellt sah. Man bettete seinen Leib in die Grablege bei Hebron an die Seite Sarais.

DAS LINSENGERICHT

Und Rebekka wurde schwanger und kam mit Zwillingen nieder, zwei Jungen. Zuerst erblickte Esau das Licht, danach Jakob. Der Herr hatte sie wissen lassen: »Zwei Völker sind in deinem Leibe und zweierlei Volk wird sich scheiden aus deinem Schoß.« Esau wurde ein unruhiger junger Mann, der durch die Felder streifte und jagte, Jakob hingegen blieb lieber zu Hause bei seiner Mutter. Isaak war stolz auf seinen Erstgeborenen, Rebekka hatte den Jakob lieb. Eines Tages trug es sich zu, dass Esau, der von einer erfolglosen Jagd zurückkam, zu Jakob sagte: »Rasch, mach mir etwas zu essen, ich bin sehr hungrig!« »Das mache ich gern«, antwortete ihm Jakob, »aber gib mir dafür dein Erstgeburtsrecht!« Denn nur dem zuerst geborenen Sohn würden der Besitz und das Land des Vaters zufallen. Esau aber antwortete: »Ich bin hungrig, was schert mich dieses Erstgeburtsrecht? Mach damit, was du willst!« Und Jakob reichte ihm lächelnd die Linsensuppe und das Brot.
Isaak, alt und des Lebens müde, lag in seinem Zelt und sagte zu seinem Sohn Esau, dass er zu ihm kommen solle, auf dass er ihn segne: »Aber besorg mir zuvor ein schönes Stück Wildbret, wie ich es gerne esse.« Das hörte Rebekka mit an und sagte zu ihrem jüngeren Sohn: »Dein Vater will Esau segnen, rasch, besorge mir einen Schafbock, den will ich ihm zubereiten. Du wirst ihm den Braten auftragen, dann wird er dir statt Esau den väterlichen Segen zukommen lassen, er hat ja seine Sehkraft vollständig verlo-

ren.« »Wie soll das zugehen?«, fragte Jakob. »Der Vater wird mich berühren und merken, dass ich nicht behaart bin wie mein Bruder.« Aber er eilte davon, um Rebekka das gewünschte Tier aus der Herde zu bringen. Als das Mahl bereitet war, wickelte Rebekka ein Fellstück des Widders um Jakobs Arme und Nacken. Und Jakob trat mit dem Fleisch und dem Brot an die Bettstatt Isaaks. Der murmelte, »Deine Stimme gleicht der von Jakob, gib mir deine Hände«, und da sie behaart waren, aß und trank er und sprach: »Gott gebe dir vom Tau des Himmels und vom Fett der Erde und Korn und Wein die Fülle!«

Kaum hatte Jakob das Zelt verlassen, kam Esau herein und brachte das Wild. Isaak fuhr auf: »Wer bist du?« »Esau natürlich, wer sonst?« »So hat dich und mich dein Bruder überlistet. Ich habe ihn gesegnet, das kann ich nicht mehr zurücknehmen!« Und Esau schrie auf und fragte seinen Vater: »Hast du nicht auch einen Segen für mich?« Er brach in Tränen aus. Isaak schwieg. Dann sagte er leise: »Du wirst wohnen fern vom Fett der Erde und fern vom Tau, der vom Himmel kommt. Von deinem Schwert wirst du dich nähren, und deinem Bruder sollst du dienen.«

Esau konnte sich kaum beruhigen. Den jüngeren Bruder würde er für seine Hinterlist bestrafen. Wäre Jakob erst tot, dann würden ihm das Erstgeburtsrecht und der Segen wieder zufallen. Rebekka aber riet Jakob, rasch sein Heil in der Flucht zu suchen. Ihr Bruder Laban in Haran werde ihm Schutz und Obdach geben, bis sich Esau wieder beruhigt habe.

JAKOB UND DIE HIMMELSLEITER

Also machte sich Jakob auf von Beerscheba zu der Stadt Haran, um seiner Mutter Bruder aufzusuchen. Der Weg war weit und als es dunkel wurde, legte er sich auf dem freien Feld nieder. Statt eines Strohkissens musste er sein Haupt auf einen Stein betten. Er dachte an seine Eltern. Ob er sie wohl wiedersehen würde? Ob Esau ihm jemals würde verzeihen können? Erschöpft von der langen Reise, schlief er bald ein. Plötzlich aber wurde es rings um ihn hell: Eine schier endlose Leiter, in Licht getaucht, reichte vom Erdboden vor Jakobs Füßen bis hinauf zum Himmel! Engel waren auf ihr zu sehen, schienen auf den Stufen auf- und abwärtszugehen. Der Herr aber stand ganz oben, mit bloßem Auge war er nicht zu erkennen, und er sprach zu ihm: »Ich bin der Gott deiner Väter Abram und Isaak, und siehe, ich bin mit dir und will dich behüten, wo du hinziehst, und wieder herbringen in dieses Land.« Jakob war nun wach. Dies musste eine geweihte Stätte sein, an der er sich nichtsahnend zur Ruhe gelegt hatte! Und er errichtete dort eine Stele, eine Mazzebe und nannte den Ort Bethel. »Hier will ich«, sagte er zu sich, »einen Ort der Weihe für meinen Gott errichten, wenn ich in der Fremde mein Glück gemacht habe.« Als er Haran erreichte, sah er vor der Stadt einen großen Brunnen, dort erblickte er Schafherden und eine junge Frau, die sie zu hüten schien. Es war Rahel, die Tochter Labans. Jakob war am Ziel seiner Reise angekommen. Er umarmte Rahel und bat sie, ihn zum Haus ihres Vaters zu führen. Auch Laban freute sich sehr, den Sohn seiner Schwester zu sehen. »Du kannst bei mir wohnen, gerne will ich Speise und Trank meines Hauses mit dir teilen. Und du kannst bei mir auch Arbeit finden. Bitte lasse mich wissen, was ich dir als Entlohnung geben darf.« Jakob antwortete: »Ich will dir sieben Jahre dienen, dein Vieh hüten, dir in allem zur Hand gehen, danach möchte ich Rahel als meine Frau heimführen, denn sie gefällt mir sehr.« Rahel lächelte und ihr Vater nahm den Vorschlag an.

Die Arbeit auf dem Feld und im Hof fiel Jakob nicht schwer, in Gedanken wähnte er sich schon mit Rahel verheiratet. Als nun die sieben Jahre verstrichen waren, da richtete Laban ein großes Fest zur Hochzeit aus. Aber die Frau mit dem Schleier, die Laban Jakob zuführte, war Lea, die Schwester Rahels! »Was soll das?«, fragte Jakob. »Habe ich nicht lange genug auf Rahel gewartet? Warum betrügst du mich?« Laban aber sprach begütigend zu ihm: »Es ist der Brauch in unserem Land, dass man zuerst die ältere Schwester vor der jüngeren in die Ehe gibt. Wenn du noch weitere sieben Jahre arbeitest, will ich dir auch noch Rahel zur Frau geben.« Und Jakob fügte sich. Aber die beiden Schwestern wurden einander fremd. Und als die nächsten sieben Jahre verstrichen waren, heiratete Jakob endlich die geliebte Rahel. Lea gebar ihm viele Söhne, Rahel aber nur einen, der hieß Josef.

Jakob arbeitete weiter, hatte nun selbst große Viehherden und viele Knechte. Schließlich sagte er zu Laban: »Ich will nun zurückkehren zu den Meinen ins Land Kanaan.« Laban und seine Söhne aber wollten es nicht gelten lassen, betrachteten Jakobs Kamele und Schafe als die ihren, da sie aus ihren Herden hervorgegangen seien. Da mahnte des Herrn Stimme Jakob, nun ohne Abschied heimzukehren. Und Jakob machte sich heimlich nachts auf, mit seinen Frauen und Kindern. Rahel und Lea hatten ihn darin bestärkt: »Unser Vater hat uns verkauft, ohne uns an seinem Erbe teilhaben zu lassen. Er hat es lieber selbst verzehrt. Was dir Gott

sagt, ist nur recht und billig!« Nach einigen Tagen merkte Laban, dass Jakob mit den Seinen tatsächlich mit ihm gebrochen hatte und geflohen war. Und er setzte ihm nach mit seinen Söhnen. Da erschien ihm der Herr im Traum: »Hüte dich, Jakob Unrecht zu tun!« Als Laban Jakob und die Seinen eingeholt hatte, sagte er zu ihm: »Ich will davon absehen, dich wegen deiner unwürdigen Flucht zu belangen. Eigentlich ist alles, was du mit dir führst, mein Eigentum: meine Töchter, meine Enkelkinder, mein Vieh. Aber der Herr hat zu mir gesprochen, also will ich euch alle in Frieden ziehen lassen, hier an dieser Massebe wollen wir es besiegeln. Friede sei mit dir!«
Nach langen Tagesreisen durch Wüsteneien näherte sich die Karawane schließlich wieder Jakobs Heimat und er sandte Boten voraus an Esau. Er wolle heimkehren und hoffe, sein Bruder könne ihm den Betrug, den er an ihm und an ihrem Vater Isaak begangen habe, verzeihen. Esau aber kam ihm mit vierhundert Mann entgegen und Jakob fürchtete Schlimmes. Schließlich standen sie einander gegenüber. Jakob wollte sich niederwerfen, aber Esau hatte ihn schon in die Arme genommen und seine Brust fest umschlossen. Er weinte. »Wer sind diese Leute alle, die du mit dir führst? Und wem gehören die riesigen Herden, die ihnen folgen?« Jakob antwortete: »Das sind die Kinder, die Gott meinen Frauen geschenkt hat, mit den Tieren hoffe ich, Gnade zu finden vor deinen Augen, sie sollen dir gehören.« Esau sagte: »Ich habe selbst genug, mein Bruder, behalte du nur, was dir gehört.« Jakob übergab ihm aber dennoch großzügige Geschenke. Da nun ihrer beider Herden so groß waren, beschlossen die Brüder, sich zu trennen und an verschiedenen Orten zu siedeln. Jakob zog nach Sichem und errichtete dort einen großen Altar. Und der Herr sprach zu ihm: »Du sollst nicht mehr Jakob heißen, sondern Israel; denn du hast mit Gott und mit Menschen gekämpft und hast gewonnen.«

JOSEF UND SEINE BRÜDER

Jakob hatte zwölf Söhne, zwei davon mit Rahel, Josef und Benjamin, die waren ihm die liebsten. Das merkten auch ihre Brüder. Benjamin war noch zu klein, aber Josef neideten sie seine Vorzugsstellung beim Vater. Der hatte ihm einen bunten Rock nähen lassen, mit dem man ihn schon von weitem erkannte. Eines Tages hatte Josef einen Traum und erzählte ihn freimütig seinen Brüdern. »Wir waren zusammen auf dem Feld, wollten das niedergelegte Korn als Diemen zum Trocknen aufstellen. Meine Garbe richtete sich auf und eure Garben verneigten sich vor meiner.« Für seinen Hochmut soll er büßen, dachten die Brüder und verschworen sich gegen ihn. Als Josef am anderen Tag von seinem Vater wieder zu den Brüdern aufs Feld geschickt wurde, um ihnen Essen und Trinken zu bringen, da fassten sie einen mörderischen Plan: »Wir wollen den Träumer töten, in eine Grube werfen und dem Vater sagen, dass ihn ein wildes Tier gerissen hat.« Nur Ruben bat, das Leben Josefs zu schonen. Aber als Josef näher kam, fielen sie über ihn her, nahmen ihm sein farbiges Gewand ab und warfen ihn in einen leeren Brunnenschacht. Während sie noch überlegten, was sie mit ihm anstellen sollten, kam eine Karawane mit Kaufleuten vorbei, die waren auf dem Weg nach Ägypten. Kurzerhand zogen sie den halb bewusstlosen Josef aus der Grube und verkauften ihn an die Händler für zwanzig Silberstücke. Josefs Rock tauchten sie in Ziegenblut und sprachen zu ihrem Vater: »Sieh, Vater, dem

Josef muss ein Unglück widerfahren sein. Dies haben wir von ihm aufgefunden, ein böses Tier wird ihn getötet haben.« Darauf zerriss Jakob seine Kleider, niemand vermochte ihn zu trösten.
Josef wurde von den Händlern als Sklave nach Ägypten verkauft, an Potiphar, einen hohen Beamten am Hof des Pharaos, zuständig für die Leibwache des Königs. Potiphar war angetan von Josefs Manieren und seiner Klugheit, und als sich Josef bei allen Aufgaben bewährte, vertraute er ihm die Verwaltung seines Hauses und seines Gutes an. Nun hatte aber die Frau des Potiphar ein Auge auf den jungen Mann geworfen und sie bedrängte Josef, dass er ihr zu Willen sei. Als Josef sie abwies – niemals könne er das Vertrauen seines Herrn so missbrauchen –, griff sie zu einer List und rächte sich für die Zurückweisung. Sie entriss ihm sein Kleid, zeigte es abends ihrem Gemahl und beschuldigte seinen Knecht Josef, dass er versucht habe, ihr Gewalt anzutun. Potiphar schenkte ihr Glauben und ließ Josef ins Gefängnis werfen.
Josef war verzweifelt, aber Gott sprach ihm Mut zu. Er möge nicht verzagen, es werde der Tag kommen, da er ihn erlösen werde. Da wurden zwei Männer ins Gefängnis gebracht, es waren der Mundschenk und der Bäcker des Pharaos. Sie mussten mit Josef die Zelle teilen. Am Morgen erzählten sie ihm von ihren nächtlichen Visionen. Ob er sie ihnen wohl deuten könne? Der eine hatte von einem Weinstock geträumt, dessen drei Reben reif geworden waren, von den Trauben hatte er den Pharao kosten lassen. Der Bäcker hatte von drei Körben mit frischem Brot geträumt, die hatte er dem König bringen wollen, aber die Vögel hatten das Backwerk vorher aufgefressen. Da sprach Josef zu ihnen: »In drei Tagen wird dich, Mundschenk, der Pharao freilassen und wieder in dein Amt einsetzen. Bitte setze dich, wenn du wieder auf freiem Fuße bist, für mich ein, denn ich bin unschuldig. Du aber, Bäcker, wirst in drei Tagen am Galgen hängen.«
Und es vergingen die drei Tage, der Pharao feierte ein großes Fest und der Mundschenk wurde begnadigt, der Bäcker aber zum

Tode durch den Strang verurteilt. Josef, der alles vorhergesehen hatte, blieb hingegen im Gefängnis – für weitere zwei Jahre. Nun begab es sich, dass der Pharao selbst Träume hatte, die keiner seiner Weisen zu deuten wusste. Im ersten Traum befand er sich am Ufer des großen Nils, als sieben wunderschöne und wohlgenährte Rinder aus den Fluten stiegen. Danach sah er sieben andere Rinder, deren Körper nur noch aus Haut und Knochen zu bestehen schienen. Und die sieben mageren fraßen die sieben fetten Rinder. Im zweiten Traum fand sich der Pharao in einem Dinkelfeld wieder, direkt vor ihm wuchsen sieben pralle Ähren, die erntereif waren. Unmittelbar daneben erblickte er sieben Ähren, die hatte die Sonne verbrannt, die Spelzen enthielten kein einziges Korn. Aber die sieben mageren Ähren verschlangen die sieben fetten. Was hatten die seltsamen Träume zu bedeuten? Da meldete sich der Mundschenk beim König: »Als ich im Gefängnis saß, habe ich dort einen seltsamen Fremdling kennengelernt, er konnte alle Träume deuten. Und was er vorhersah, trat tatsächlich ein!«

Und so ließ der Pharao Josef eilig zu sich rufen. Als er, gewaschen und in ein sauberes Gewand gekleidet, vor dem Herrscher erschien und dessen Träume vernommen hatte, senkte er den Kopf und sagte: »O Pharao, beide Träume hat dir Gott gesandt, um dich vorzubereiten! Die sieben schönen Kühe und die sieben prallen Ähren bedeuten sieben gute und ertragreiche Erntejahre für dein Land. Die sieben mageren Kühe und die sieben kargen Ähren werden Jahre der Missernten und des Hungers für Ägypten bringen. Bereite dich, Herr, auf diese Krise vor, lege große Lagerbestände an, dann werden dein Volk und du diese Notzeit überstehen können.« Und der Pharao antwortete: »Deine Rede gefällt mir wohl, deine Vorschläge auch. Du selbst sollst von mir in Stand gesetzt werden, diese Vorbereitungen auf die schweren Jahre zu treffen.« Er gab Josef einen wertvollen Ring und legte ihm eine goldene Kette um, er solle nun der mächtigste Mann neben dem König im ganzen Land sein.

Und es brachen die Jahre an, in denen die Felder reiche Frucht trugen, die Rinder gesund waren und die Herden sich vervielfachten. Josef reiste unermüdlich durch das Schwemmland am Nil, ließ große Kornspeicher und Wasservorräte anlegen, auf dass man gewappnet wäre für die Zeit des Darbens. Er selbst heiratete und lebte in einem Anwesen mit großen Ländereien und vielen Bediensteten. Als der Hunger über das Land zu kommen drohte, ließ Josef die neuen Magazine öffnen und die Vorräte zu erschwinglichen Preisen an die Menschen verkaufen. So konnte er in Ägypten eine Hungersnot abwenden. Auch in den benachbarten Ländern und Städten hörte man schließlich von den sagenhaften Reserven des Pharaos und viele brachen auf, um dort Korn zu kaufen, denn auch andernorts herrschte Mangel und große Not.
So kamen eines Tages Josefs Brüder aus dem Land Kanaan nach Ägypten, um dort Saatgut zu erwerben. Als sie vor Josef standen, erkannte er sie sogleich wieder, sie aber wussten nicht, dass der mächtige Mann, der in einem prächtigen Kleid vor ihnen stand, ihr Bruder war. Josef sprach schroff zu ihnen: »Wollt ihr uns auskundschaften, um uns zu berauben?« Sie antworteten: »Nein, das ist nicht wahr, wir sind alle Söhne eines Vaters, einer lebt nicht mehr, und der Jüngste ist zu Hause geblieben. Wir bitten dich vielmehr um Korn aus euren Speichern, damit wir Nahrung haben und unsere Felder wieder bestellen können.« Josef sprach: »Ich glaube euch erst, wenn euer jüngster Bruder hier ist und bezeugt, was ihr behauptet. Kehrt heim und holt ihn, so lange will ich einen von euch als Pfand hierbehalten. Wenn sich eure Reden als Lügen erweisen, so muss derjenige sterben, der als Geisel bei mir verblieben ist.« Da berieten sie sich und Ruben sprach zu seinen Brüdern: »Das ist die Strafe Gottes, weil wir uns an unserem Bruder Josef versündigt haben.« Und sie ließen Simeon bei dem fremden Statthalter und brachen wieder auf in die Heimat, zusammen mit den erworbenen Säcken voller Dinkelkörner. Als sie unterwegs mit ihren schwer beladenen Eseln rasteten, fanden sie in den Sä-

cken aber nicht nur den Emmer, sondern obenauf auch ihr Geld wieder, zusammen mit reichlich Wegzehrung. Da erschraken sie und verstanden die Welt nicht mehr.

In der Heimat angekommen, erzählten sie ihrem Vater ihre Erlebnisse in dem fremden Land. Jakob aber sah sie mit bitterer Miene an: »Josef ist mir genommen worden, nun wollt ihr mir auch noch Benjamin entführen!« Bald aber war das ägyptische Korn verzehrt und auf den Äckern ausgesät und die Hungersnot dauerte an in Kanaan. So brachen die Brüder erneut auf. Sein Sohn Juda sagte zu Jakob, dass er für Benjamin bürgen wolle, auf dass er unversehrt wieder zu seinem Vater zurückkehre. Jakob weinte und bat sie aber darum, Geschenke und doppeltes Geld für den großzügigen Mann in Ägypten mitzunehmen. Und als sie wieder vor Josef standen, da lud er sie ein, zusammen mit ihm an seiner Tafel zu essen. Auch Simeon wurde dazu auf freien Fuß gesetzt. Die Brüder fielen vor Josef nieder und überreichten ihm Jakobs Geschenke. Darauf fragte sie Josef: »Wie geht es eurem Vater, ist er wohlauf?« Sie bezeugten es und brachten nun Benjamin zu ihm, auf dass er sehe, dass sie ihr Versprechen gehalten hätten. Josef war tief berührt, als er seinen leiblichen Bruder, den Sohn der Rahel, endlich wiedersah. Er wandte sich ab, Tränen der Freude füllten seine Augen, aber er gab sich ihm nicht zu erkennen. Und er ließ allen Brüdern ein opulentes Mahl servieren und aß mit ihnen. Das verwunderte sie sehr, war es doch nicht Sitte, dass Ägypter mit Hebräern an einem Tisch saßen. Abermals wurde veranlasst, dass die Brüder viele Getreidesäcke gepackt bekamen, ihr Geld ließ Josef erneut heimlich obenauf legen und dem Benjamin zusätzlich seinen silbernen Trinkbecher.

Als sie am nächsten Tag mit ihren Eseln die Stadt verlassen wollten, wurden sie von den Wachen angehalten: »Warum habt ihr den Statthalter, der euch so viel Gutes getan hat, bestohlen? Sein Becher ist verschwunden, kehrt um und rechtfertigt euch vor ihm.« »Wir sind keine Räuber«, antwortete Juda, »wenn einer von uns etwas gestohlen haben sollte, so hätte er sein Leben verwirkt.« Entsetzt mussten sie mit ansehen, dass der Becher in Benjamins Getreidesack gefunden wurde. Erneut warfen sich alle vor Josef nieder und Juda ergriff wieder das Wort: »Wir verstehen es nicht, aber der Herr hat es wohl so gewollt. Wenn wir ohne Benjamin heimkehren, stirbt unser Vater vor Gram. Nimm mich oder uns alle als Sklaven an, aber lass unseren jüngsten Bruder, der ohne Schuld ist, wieder ziehen.« Da bat Josef alle Bediensteten, hinauszugehen. Und er weinte vor seinen Brüdern und gab sich zu erkennen. »Ich bin es, Josef, den ihr nach Ägypten verkauft habt. Lebt mein Vater tatsächlich noch? Dann bittet ihn, zu mir zu kommen, er kann bei mir leben, ich will ihn versorgen bis zu seinem Lebensende.« Voller Freude brachen sie auf, um ihren Vater Israel zu holen und ihn zu seinem verlorengeglaubten Sohn zu bringen. Josef fand einen Ort in seiner Nähe im Land Goschen, an dem die ganze Familie mit allen Kindeskindern würde wohnen können. Israel sprach zu seinem Sohn Josef: »Ich will nun gerne sterben, nachdem ich selbst gesehen habe, dass du noch lebst.« Noch siebzehn Jahre lebte Israel mit den Seinen in Ägypten, dann verschied er und sein Leichnam wurde, seinem Wunsch entsprechend, heimgeführt nach Kanaan.

MOSES IN ÄGYPTEN

Israels Nachkommen aber blieben in Ägypten, obwohl sie dort als Fremde nicht wohl gelitten waren. Der neue Pharao wusste nichts mehr von Josefs Weisheit und den Wohltaten, die er dem ägyptischen Volk hatte zuteilwerden lassen. Da sich die Anzahl der Israeliten im Lande zusehends vermehrte, waren sie dem Herrscher bald ein Dorn im Auge. Er fürchtete, sie könnten sich gegen ihn wenden oder sich mit den Feinden Ägyptens verbünden. Und so erging zum Entsetzen der Hebräer eines Tages ein Erlass des Pharaos, dass alle Neugeborenen männlichen Geschlechts in den Nil geworfen werden sollten. Nur die weiblichen Säuglinge dürften überleben.

Das erfuhr auch ein junges Ehepaar aus dem Stamm Levis, der war ein Enkel Jakobs. Als ihnen ein Junge geboren wurde und sie wussten, dass sein Leben in Gefahr war, versteckten sie ihn zunächst bei sich zu Hause. Schließlich aber legten sie das Baby schweren Herzens in eine selbstgeflochtene Schale, dichteten das Körbchen mit Pech ab, damit es im Wasser nicht versinke, und setzten es im Schilf des Nilufers aus. Als die Tochter des Pharaos mit ihren Gefährtinnen dort badete, entdeckten sie das Kind. Da es beschnitten war, musste es von den Hebräern abstammen. Aber das Kind weinte und die jungen Frauen wollten es nicht seinem Schicksal überlassen. Bald hatten sie eine Amme gefunden, danach sorgte die Pharaonentochter selbst dafür, dass es unbehelligt

aufgezogen werden konnte, und gab ihm den Name Moses, das ist »der aus dem Wasser Gezogene«.
Als Moses erwachsen war, ging er dorthin, wo sein Volk lebte, und sah, wie es auf den Feldern der Ägypter hart arbeiten musste, unterdrückt und geschunden wurde. Als er mit ansah, wie einer der Aufseher einen Juden ohne Grund züchtigte, da stieg Zorn in ihm auf und er erschlug den Peiniger. Moses musste fliehen und ging ins Land Midian. Die Menschen dort lebten als Nomaden. Sie waren Nachkommen Abrams und lebten mit ihren Herden östlich der Sinai-Halbinsel. Sie nahmen Moses bei sich auf, bald heiratete er dort eine der Töchter Midians, sie hieß Zippora. Die Israeliten aber litten weiter in ihrem ägyptischen Exil.

DIE FLUCHT DURCHS SCHILFMEER

Moses war mit den Schafen seines Schwiegervaters unterwegs. In der Sandwüste konnte er sie nicht weiden, da ging er zum Horeb, dem heiligen Berg des Herrn. Am schattigen Fuß des Berges würden seine Tiere Nahrung finden. Aber was war das, ein Traum? Ein Engel war Moses unvermittelt erschienen, ein Engel inmitten eines riesigen Dornbuschs, der lichterloh brannte! Und obgleich der Busch gänzlich verdorrt zu sein schien, verfärbte er sich nicht oder zerfiel zu Asche. Moses wunderte sich sehr. Da hörte er eine Stimme. Sie befahl ihm, an dieser heiligen Stätte die Schuhe auszuziehen: »Höre, ich bin der Gott deines Vaters, der Gott Abrams, der Gott Isaaks und der Gott Israels.« Moses erschrak, der Herr aber sagte ihm, dass er sich der Israeliten in Ägypten annehmen wolle. Er, Moses, solle sie einen und hinausführen aus Ägypten nach Kanaan jenseits des Roten Meeres in ein Land, in dem für sie Milch und Honig fließen werde. Moses fragte: »Wer bin ich, dass ich die Hebräer hinter mir versammeln kann, und wer bin ich, dass ich dem Pharao widerstehen kann? Die Gabe der Rede ist mir nicht eigen, kannst du, o Herr, nicht jemand Anderen für diese Aufgabe auswählen?« Gott antwortete: »Wer hat dem Menschen den Mund geschaffen? Oder wer hat den Stummen oder Tauben oder Sehenden oder Blinden gemacht? Habe ich's nicht getan, der Herr? Nun aber geh hin: Ich will mit deinem Munde sein und dich lehren, was du sagen sollst.«

Und so trat Moses mit seinem Bruder Aaron vor den Herrscher über ganz Ägypten. Sie baten ihn, das Volk Israels nicht länger zu bedrängen, sondern es unter dem Schutz seines Gottes ziehen zu lassen. Der Pharao aber rief, »Arbeitsscheu seid ihr, nur Strenge wird euch zur Vernunft bringen«, und er wies seine Aufseher an, die Arbeitslast zu erhöhen und die Brotrationen für die Israeliten zu kürzen. Moses war verzweifelt: Wie sollte er seinem Volk helfen? Durch sein Zutun hatte sich die Lage der Hebräer nur noch verschlimmert! Da brachen Plagen, zehn an der Zahl, über das Land und die Ägypter hatten schwere Entbehrungen zu ertragen, den Willen des Pharaos vermochten sie jedoch nicht zu brechen. Erst als die zehnte und letzte Plage hereinbrach, jedes erstgeborene Kind der ägyptischen Familien lag tot in seinem Bette, ließ der Pharao Moses und Aaron rufen: »Macht euch auf und zieht weg aus meinem Volk, ihr und die Israeliten. Geht hin und dient dem Herrn, wie ihr gesagt habt!«

Und so brach ein gewaltiger Zug von Menschen, zusammen mit ihrem Vieh, Hab und Gut, auf, fortzugehen von der Fronarbeit am Nil und hin zum Land Kanaan, das ihnen Moses versprochen hatte. Bei Tag folgten sie den Wolken, die vor ihnen herzogen, bei Nacht einer gewaltigen Feuersäule, quer durch die Wüste, bis sie schließlich ans Ufer des großen Schilfmeeres gelangten und dort ihre Laubhütten aufschlugen. Der Pharao und die Seinen bereuten schon, dass sie die fleißigen Israeliten hatten ziehen lassen, und verfolgten sie mit einer großen Heerschar. Als die Wagen und Rosse der Ägypter am Horizont auftauchten, schrien die Flüchtenden auf und sagten zueinander: »Wäre es nicht besser gewesen, dort zu bleiben, den Ägyptern zu dienen, als nun hier in der Wüste abgeschlachtet zu werden?« Moses beschwichtigte sie: »Der Herr wird für euch streiten, und ihr werdet stille sein.« Und auf Geheiß des Herrn hob er seinen Stab und das riesige Schilfmeer bildete eine wundersame Furt, durch die der Treck trockenen Fußes ans andere, an das rettende Ufer gelangte. Und der Herr sprach erneut zu Moses. Er senkte seinen Stab und die Wogen des Meeres konnten sich wieder vereinigen. Und es verschlang das Heer der Ägypter mit Ross und Reiter. Die Israeliten fielen nieder und sangen: »Das ist mein Gott, ich will ihn preisen!«

DIE GESETZESTAFELN

Weiter zogen die Heimatlosen durch die Wüste und Gott speiste sie mit Manna und Wasser, auf dass sie nicht verhungerten oder verdursteten. Schließlich erreichten sie den Berg Sinai, eine Wolke verhüllte den Gipfel und der Herr wies Moses an, dass er zu ihm auf den Berg steigen solle, um die Gesetze und Gebote für sein Volk zu empfangen. Die Israeliten lagerten sich davor und warteten. Was mochte Gott nun von ihnen verlangen? Moses aber machte sich auf den Weg und ging bergan. In der Höhe sprach der Herr aus einer Wolke zu ihm: »Für eure Reise wird eine Stiftshütte ausreichen, die ihr auf dem Weg mit euch führen könnt. Dafür braucht ihr Tische und Leuchter, Öl und einen Altar, dann kann ich jederzeit unter euch wohnen. Ein Becken braucht ihr, um euch vor den heiligen Handlungen zu reinigen, Salböl und Räucherwerk. Und Abgaben sollst du unter deinen Leuten erheben, auf dass all diese Dinge beschafft und hergestellt werden können. Später, wenn ihr dort angekommen seid, wohin ich euch führen will, sollt ihr meinen Tempel in festem Stein ausführen.« Moses nickte. »Und eine Lade sollt ihr anfertigen, die in meiner Wohnung aufgestellt werde. Sie soll die Gesetze enthalten, die ich dir nun mit auf den Weg geben will.« Moses nickte. »Hier sind die Steintafeln, von meiner Hand beschriftet, meine Gebote sollst du dem Volk in meinem Namen verkünden.« Darauf waren Gebote und Verbote verzeichnet: »Ich bin der Herr, euer Gott, ihr sollt keine anderen

Götter neben mir haben! Ihr sollt euch kein Bildnis machen von mir, meinen Namen nicht für andere Dinge missbrauchen, am siebten Tag, dem Sabbat, keine Arbeiten verrichten! Ihr sollt Vater und Mutter ehren, nicht töten andere Menschen, die Ehe nicht brechen, das Eigentum Anderer achten, Euren Nächsten nicht belügen oder betrügen, sein Hab und Gut nicht begehren!«

Und Moses machte sich auf den Rückweg, vierzig Tage hatte er ausgehalten auf dem Berg Sinai. Die Israeliten aber waren in der Zwischenzeit unruhig geworden. Würde Moses je wieder vom Berg zurückkehren? Und sie suchten Hilfe bei Aaron und schrien: »Mach uns neue Götter, die uns aus dieser Wüste führen, wir wollen nicht länger warten!« Und Aaron formte aus geschmolzenem Schmuck ein goldenes Kalb. Da riefen die Israeliten: »Das soll unser neuer Anführer und Gott sein!« Und sie tanzten um das Kalb, brachten ihm Opfergaben dar und beteten es an. Als Moses das Zeltlager erreichte, war ein wildes Fest im Gange. »Man kann diese Menschen nicht allein lassen«, murmelte Moses und stellte Aaron zur Rede: »Wie konntest du das zulassen? Eure Gotteslästerungen machen alles zunichte.« Und in seinem Zorn zerbrach er die Gesetzestafeln vor den Augen des Volkes, zerschmetterte das goldene Götzenbild und warf die Reste ins Feuer. Zu den Israeliten aber sagte er: »Ihr habt mit eurem Verhalten schwere Schuld auf euch geladen. Ich werde nun erneut auf den Berg steigen und Gott um Verzeihung bitten müssen, auf dass ich verhindern möge, dass sein Zorn auf uns alle niederkommt.« Und Moses stieg wieder bergan, betete, bat um Gnade für sich und die Seinen. Der Herr händigte ihm zwei neue Gesetzestafeln aus und sprach zu ihm: »Mein Unwille ist groß, aber ich will das Volk weiter auf seinem Weg begleiten. Diese Generation wird aber das gelobte Land nicht mehr erreichen – auch du nicht. Ihr werdet vierzig Jahr durch die Wüste wandern müssen, bis eine neue Generation herangewachsen ist. Du sollst weiter über sie wachen und dann vor der Ankunft in Kanaan den Stab des Propheten an Josua weitergeben. Ihm werde ich mein Vertrauen schenken.« Und so geschah es. Viele Jahre der Entbehrung, der Hitze, des Krieges mit anderen Stämmen standen dem Volk bevor, immer wieder ermahnte sie Moses, den Geboten des Herrn treu zu bleiben, las ihnen die Gesetzestafeln vor. Am Ende des Weges schließlich segnete Moses das Volk und sagte: »Ich bin nun des Lebens müde. Bestattet mich hier im Lande der Moabiter, dort, wo ihr schon das zukünftige Land Eurer Kinder sehen könnt. Haltet euch an das Gesetz, denn es enthält nicht nur Worte, sondern es ist euer Leben. Zieht nun über den Jordan!«

DIE POSAUNEN VON JERICHO

Dreißig Tage beweinten sie Moses, als sich seine Tage vollendet hatten, dann wies ihnen der Herr den Weg durch den Jordan. Und trockenen Fußes erreichten die Israeliten endlich das gelobte, ihnen versprochene Land. Dort hatten sich aber nun andere Völker zum Siedeln niedergelassen. Das Land, in dem Abram, ihr Stammvater, zu Hause gewesen war, musste nun, unter Josuas Führung, erst erobert werden.

Und so kamen sie zur Stadt Jericho, die mit hohen und starken Mauern befestigt vor ihnen lag. Josua sandte zwei Kundschafter aus, um herauszufinden, wie man Jericho einnehmen könne. Sie kleideten sich wie die Einheimischen, gingen in die Stadt und fanden Unterschlupf bei der Herbergswirtin Rahab. Dies wurde aber dem Stadtfürsten von Jericho hinterbracht und er sandte nun eilig seine Wachen zu Rahab, auf dass sie die verdächtigen Fremden anzeige und ihm ausliefere. Sie aber antwortete ihnen: »Ja, es waren Männer bei mir, ich kannte sie nicht, aber sie sind schon ihrer Wege gegangen. Ich glaube, sie sind bereits wieder zum Stadttor hinaus.« Und als die Wachen gegangen waren, rief sie die beiden Fremdlinge, die sie auf dem Dach ihres Hauses verborgen hatten, und sprach zu ihnen: »Ich weiß, dass euer Gott euch dieses Land versprochen hat und dass er euch auf eurem langen Weg aus Ägypten beschützt hat. Bitte verratet mich nicht und verhaltet euch milde gegenüber meiner Familie und mir, wenn ihr die Stadt

beherrscht!« Und sie ließ die beiden an einem roten Seil aus ihrem Fenster herab, so dass sie fliehen konnten, denn ihr Haus stand direkt an der Stadtmauer.
Der Herr rief Josua zu sich: »Ich werde Jericho in eure Hände geben. Alle Israeliten, Frauen, Männer und Kinder, sollen sechs Tage um die Mauern gehen, dabei die Bundeslade mit den Gesetzen vor sich hertragen. Am siebten Tag sollen eure Priester die Posaunen ertönen lassen, dann werdet ihr Eingang finden in die Stadt.« Die Einwohner von Jericho hingegen wunderten sich sehr: Wer waren die Leute, die da schweigend ihre Stadt umrundeten, was wollten sie? Am siebten Tag sprach Josua: »Macht nun ein Kriegsgeschrei, der Herr hat die Stadt in eure Hände gegeben!« Die Priester bliesen die Posaunen, so dass das mächtige Mauerwerk um Jericho erzitterte. Schließlich erschallten sie so laut, dass alle Befestigungen einstürzten. Und das Volk Israels stieg hinauf in die Stadt. Rahab hatte wieder das rote Seil aus ihrem Fenster herabgelassen, auf dass die Eroberer ihr Haus erkennen und verschonen würden. Die beiden Kundschafter aber gingen zu ihrem Haus, brachten sie und ihre Familie in Sicherheit, nahmen sie auf in das Zeltlager der Israeliten. Aber die Stadt verbrannten sie mit Feuer und alles, was darin war.

RUTS GESCHICHTE

Der Regen war ausgeblieben – und das schon seit langer Zeit. Die Halme auf den Feldern verdorrten, das Vieh verdurstete und eine große Hungersnot kam über das Land Juda. So entschloss sich Elimelech aus seiner Heimat Bethlehem zusammen mit seiner Frau Noomi und den beiden Söhnen nach Osten zu ziehen ins Land Moab, jenseits des Toten Meeres. Dort würde die Ernte hoffentlich wieder reichlicher ausfallen und Gott ihre Gebete erhören. Und in der Fremde blieben sie viele Jahre. Als Elimelech starb, musste Noomi ihre beiden Söhne allein aufziehen. Herangewachsen heirateten sie zwei moabitische Frauen, Orpa und Rut. Aber auch die beiden jungen Männer starben und Noomi erkannte, dass es Zeit war, in ihr Heimatland Juda zurückzukehren, zusammen mit ihren beiden Schwiegertöchtern. Denn ihr war zugetragen worden, dass die Dürrezeit dort vorüber sei.

Aber ohne ihren Ehemann hatte Noomi keinen Anspruch auf dessen Felder in Bethlehem und so sprach sie unterwegs zu Orpa und Rut: »Mich hat das Schicksal hart getroffen, meinen Mann und meine leiblichen Kinder hat mir der Herr genommen, nun bin ich zu alt, um mich nochmals zu verheiraten und einen Sohn zu bekommen, der meine Rechte wahrnehmen könnte. Kehrt deshalb um, meine Töchter, in eure Häuser. Ihr habt das Leben noch vor euch, Moab ist euer Land.« Orpa weinte, gehorchte aber und ging zurück zu ihrem Volk. Rut aber antwortete ihrer Schwiegermutter: »Bedränge mich nicht, dass ich dich verlassen und von dir abkehren soll. Wo du hingehst, da will ich auch hingehen; wo du bleibst, da bleibe ich auch. Dein Volk ist mein Volk, und dein Gott ist mein Gott.« Da ließ Noomi von ihr ab, gemeinsam wanderten sie den weiten Weg zurück nach Bethlehem. Wie würde man sie dort empfangen?

Mit der Leviratsehe verhielt es sich folgendermaßen: Um einer in Not geratenen Witwe, die selbst keine Erbansprüche geltend machen konnte, zu helfen und sie im Alter zu versorgen, konnte sie oder ihre Tochter von einem Schwager oder nahen Anverwandten ihres verstorbenen Mannes geheiratet werden. Wenn sie danach einen männlichen Nachkommen zeugten, so war dieser berechtigt, das Erbe, den Besitz des verstorbenen Vaters und ersten Mannes der Witwe, anzutreten.

In Bethlehem erregte die Rückkehr der beiden Frauen großes Aufsehen: Noomi war wieder da! Sie aber dämpfte die Freude: »Bitter ist die Stunde des Wiedersehens, denn ich habe alles verloren, was mir lieb und teuer war.« Nun kam die Zeit der Kornernte und Rut sagte zu ihrer Schwiegermutter: »Lass mich aufs Feld von Boas, deinem Verwandten, gehen, vielleicht darf ich ein paar Ähren auflesen, die bei der Ernte zur Seite gefallen sind, auf dass wir uns von den Körnern ein karges Mahl bereiten können.« Und sie ging hinter den Schnittern her und sammelte die Reste der Getreideernte auf. Als Boas die Felder besichtigte, fragte er seine Arbeiter: »Wer ist die junge Frau, zu wem gehört sie, ich habe sie noch niemals hier gesehen?« »Das ist die Frau aus Moab, die mit Noomi zurückgekommen ist.« Da ging Boas selbst zu Rut und sagte: »Bleibe ruhig bei uns, hilf uns und lasse dich mit Speise und Trank von meinen Leuten versorgen. Man hat mir alles erzählt. Du bist aus deinem Land zu uns gekommen, um deiner Schwiegermutter zu helfen, der Gott Israels wird dir dafür gnädig sein.« So hatte Rut am Abend einen ganzen Scheffel Gerste gesammelt, sie ging heim zu Noomi und sie rösteten sich die Körner für das Nachtmahl.

Noomi aber fragte: »Wo bist du gewesen? Bei Boas? Gesegnet sei der Herr!« Und so ging Rut während der ganzen Getreideernte zu Boas, ward dort wohlgelitten und konnte sich und ihre Schwiegermutter versorgen.
Eines Tages sagte Noomi: »Heute Abend wird Boas beim Kornschwingen sein, um die Spreu vom Weizen zu trennen. Da schläft er nicht zu Hause, sondern in der Tenne. Bade dich, meine Tochter, zieh dein gutes Kleid an und warte, bis er sich nach dem Nachttrunk zur Ruhe begeben hat. Und dann, glaube mir, wird alles gut werden.« Rut sprach: »Alles, was du mir sagst, will ich tun.« Boas aber half seinen Knechten beim Worfeln und als die Sonne untergegangen war, trank er von seinem Wein und streckte sich danach aus auf dem Dreschboden, auf dass er am nächsten Morgen gleich mit der Arbeit fortfahren könne. Gegen Mitternacht erwachte er und merkte, dass er nicht allein lag: »Wer ist hier?« »Ich bin's, Rut, decke mich mit deinem Tuch zu!« Und am anderen Tag ging Boas zum Rat der Stadt und kaufte den Anteil des Feldes, das seinem Verwandten Elimelech gehört hatte, und nahm Rut zu seiner Frau, denn die schöne Moabiterin hatte er liebgewonnen. Noomi freute sich. Denn nun würden sie beide versorgt sein. Rut aber wurde schon bald schwanger und gebar einen Sohn, den nannten sie Obed. Und dies geschah nach der Landnahme Israels in der Zeit des Judikats, da die Richter das Land Juda regierten, bevor hernach die Zeit der Könige anbrach. David, der Enkel des Obed, würde einer der berühmtesten dieser Könige werden.

HANNA UND SAMUEL

Nur ein Prophet kann die Stimme des Herrn vernehmen, zu ihm sprechen, die Gebote Gottes an die Menschen weitergeben. Samuel, darin Moses und Josua nachfolgend, würde der neue Prophet sein, der die himmlischen Botschaften empfing.

Hanna war mit Elkana verheiratet, sie lebten in Ramatajim im Gebirge Ephraim, etwa eine Tagesreise entfernt von der Hafenstadt Jaffa. Elkanas zweite Frau, Pennina, hatte bereits Kindern das Leben geschenkt, Hanna aber konnte offenbar keine bekommen. Das war ihr großer Kummer. »Warum schenkt mir Gott keine Kinder, warum hat der Herr meinen Leib verschlossen?« Und als ihre Familie zum Opferfest in dem großen Heiligtum in Silo, nördlich von Jerusalem in den Bergen gelegen, aufbrach, beschloss sie, mitzugehen und selbst im Tempel zu Gott zu beten, auf dass er ihr den Kinderwunsch erfülle. Der Hohe Tempelpriester Eli, der sie im Innern des Gotteshauses stehen sah, nur die Lippen bewegend, sagte zu ihr: »Schämst du dich nicht, betrunken die Stätte des Herrn aufzusuchen?« Hanna aber antwortete: »Ich habe keinen Wein getrunken, nur Gott mein Herz geöffnet in meiner Betrübnis.« Eli sagte: »Dann gehe hin in Frieden, der Gott Israels wird dir geben, was du von ihm erbeten hast.« Die Traurigkeit wich von Hanna und sie legte vor dem Herrn ein Gelübde ab: Wenn sie schwanger werden würde, so solle ihr Kind dereinst und lebenslang ein Diener Gottes sein.

Als aber die Tage und Monate vergangen waren, da wurde Hanna schwanger und schenkte einem Jungen das Leben, den nannte sie Samuel. Sie stillte ihn und sagte zu Elkana: »Wenn er nicht mehr an meiner Brust trinkt, dann will ich ihn zu Eli in Obhut geben, auf dass er ein frommes und gottesfürchtiges Leben führen kann.« Hannas Freude wurde jeden Tag größer und sie sang: »Mein Herz ist fröhlich in dem Herrn, meine Kraft hat sich erhöht.« Der kleine Samuel wurde nun zu Eli gebracht und von ihm in alle Gebräuche und Riten des Gottesdienstes eingeweiht und unterwiesen. Elis eigene Söhne hingegen bereiteten ihm große Sorgen: Sie stahlen nicht nur Opfergaben im Tempel, sondern stellten auch den Dienerinnen der heiligen Stätte nach, sündigten wider die Gebote ihres Vaters und ihres Gottes! Und der Herr warnte seinen Priester: »Wer mich ehrt, den will ich auch ehren; wer aber mich verachtet, der soll wieder verachtet werden.« Und es begab sich, Eli lag schon alt und krank darnieder, Samuel schlief im Tempel bei der Bundeslade, da rief Gott Samuels Namen. Der glaubte, Eli habe ihn gerufen, und eilte zu ihm. Eli erwiderte: »Du hast dich getäuscht, ich habe dich nicht gerufen.« Und als Samuel erneut seinen Namen hörte, da sagte der Priester zu ihm: »Du kannst der Stimme direkt antworten, es ist Gott, der dich ruft.« Und so war es. Samuel sagte leise, aber mit fester Stimme: »Rede, Herr, denn dein Knecht hört.« Und Gott sprach, dass er Eli und die Seinen richten werde. Samuel hatte Angst, seinem Lehrherrn davon zu berichten, aber der Hohepriester drang in ihn und sagte, er soll ihm nichts verschweigen: »Es ist der Herr, er tue, was ihm wohlgefällt.« Elis Söhne fielen im Kampf gegen die Philister, als der alte Priester davon erfuhr, fiel er von seinem Richterstuhl und war tot. Samuel aber empfing fortan die Offenbarungen Gottes und verkündete sie im ganzen Land, so erfüllte sich Hannas frommes Gelübde.

KÖNIG SAUL

Viele Jahre war Samuel Israels Prophet, nun erfüllte sich auch sein Leben. Und das Volk wünschte sich, nicht mehr von einem Priester, Richter oder Propheten geführt zu werden, sondern – wie in anderen Ländern auch – von einem König. Samuel sagte, dass Gott der König der Israeliten sei und dass man nicht mehreren Herren gleichzeitig treu sein könne, aber die Israeliten ließen nicht ab von ihrem Begehren. Da wählte Gott einen Nachkommen aus dem Stamm Benjamins aus, den er dem greisen Samuel sandte. Saul, so hieß der junge Mann, war auf der Suche nach den Eselinnen seines Vaters, als er dem Propheten begegnete. Der sagte zu ihm: »Sorge dich nicht länger um die Tiere deines Vaters, sie sind gefunden worden. Gefunden hat das Volk nun auch seinen neuen Anführer. Du sollst es sein, du wirst deinem Volk als König dienen, so hat es der Herr bestimmt.« Er salbte ihn mit Öl und bat ihn, sich in Mizpa unweit von Jerusalem einzufinden, wo er das Volk zusammenrufen würde. Dort richtete er seine Worte an alle: »So sagt der Herr, der Gott Israels: Ich habe Israel aus Ägypten geführt und euch aus der Hand der Ägypter errettet und aus der Hand aller Königreiche, die euch bedrängten. Ihr aber habt heute euren Gott verworfen, der euch aus aller eurer Not und Bedrängnis geholfen hat, und habt gesprochen: Nein, setze vielmehr einen König über uns!« Und das Los der Versammlung fiel auf Saul. Er trat hervor und das Volk jubelte ihm zu.

Samuel sagte zu Saul: »Weiche nicht ab von dem Herrn, dann wird alles gut werden. Du sollst nun dem Volk voranziehen, Kriege werden deine ersten Prüfungen sein.« Denn es hatten sich die Philister gerüstet wider die Israeliten. Und sie waren ihnen an Heeresstärke und Waffen weit überlegen. Da sammelte auch Saul viele Männer um sich, nun warteten sie bei Gilgal auf Samuel. »Wann kommt er denn endlich?«, fragte Saul. »Er wollte dem Herrn ein Opfer darbringen, auf dass er uns helfe gegen den übermächtigen Feind. Sonst sind wir verloren.« Und sein Volk ängstigte sich und wurde kleinmütig. Die Philister aber kamen immer näher. Da beschloss Saul, selbst die heilige Handlung vorzunehmen, ließ ein Feuer entzünden und brachte Gott ein Brandopfer dar. Samuel sah den Rauch schon von ferne. »Was hast du getan?«, fragte er Saul. »Du hast töricht gehandelt und das Gebot des Herrn nicht eingehalten. Nun wird dein Königtum nicht Bestand haben.« Der Herr aber schenkte Saul dennoch den Sieg über die Philister, Samuel aber wandte sich ab von seinem König.

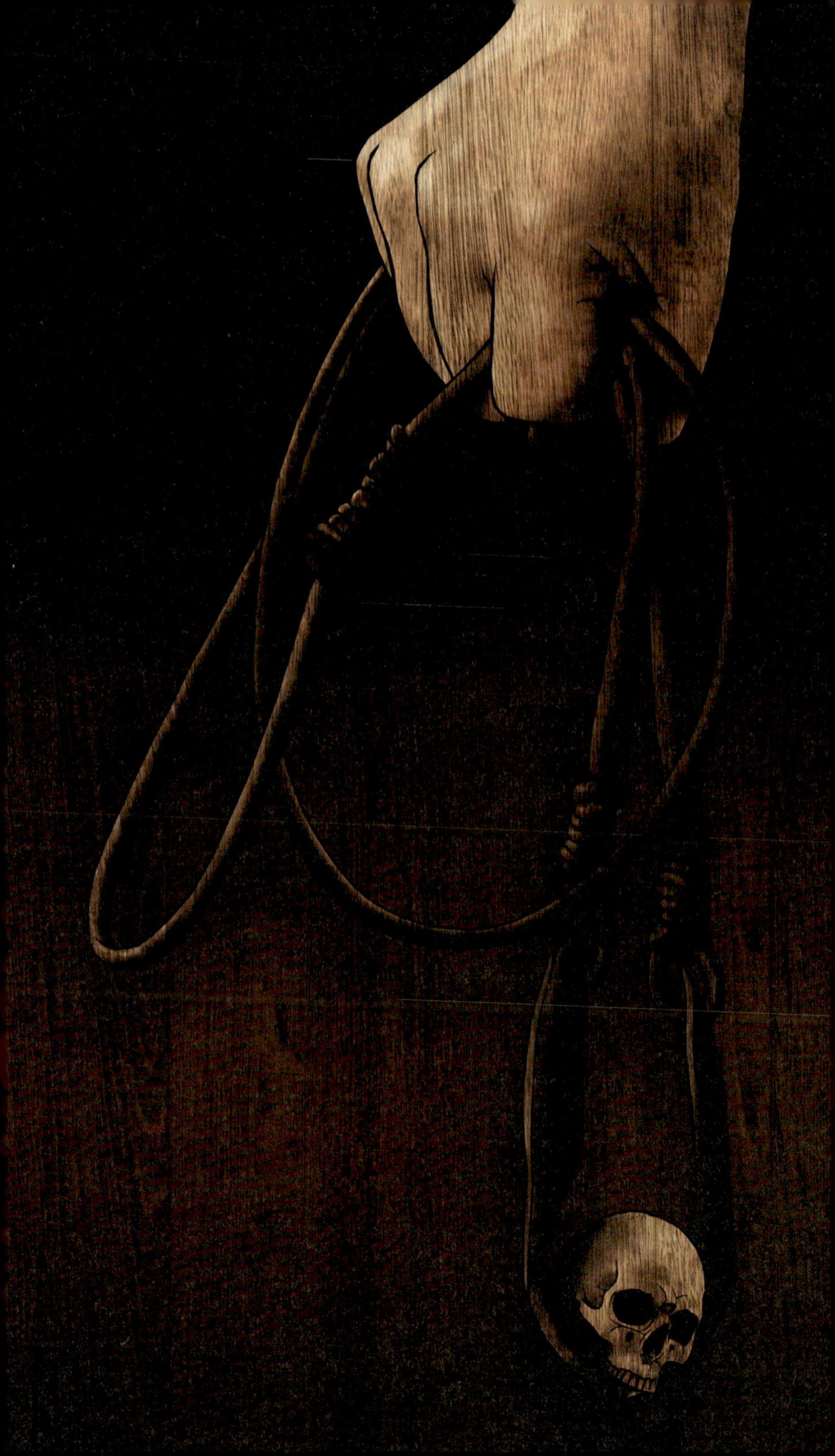

DAVID UND GOLIAT

Saul musste viele Kriege als König der Hebräer führen, er war der tapferste Soldat seines Herrn, dennoch fiel er bei ihm in Ungnade. Nach der Schlacht gegen die Amalekiter nahm er deren König gefangen, verteilte die Beute an seine Mitstreiter anstatt »den Bann zu vollstrecken« und alle Feinde zu vernichten. Samuel tadelte ihn: »Dem Herrn missfällt dein Verhalten. Warum bist du seinen Anweisungen nicht gefolgt?« Saul suchte nach Ausflüchten: »Wir haben doch einen Teil der Lämmer und Rinder unserem Gott geopfert!« Samuel aber antwortete: »Gehorsam ist besser als Opfer und Aufmerken besser als das Fell von Widdern.«

Und der Herr erkor einen der Söhne Isais als neuen König seines Volkes. Samuel möge sich nach Bethlehem begeben, dort werde er ihn finden. Als dort Eliab, der älteste Sohn Isais, vor Samuel stand, da dachte er bei sich: Das ist er. Er ist groß und kräftig, der ist's, den ich salben werde. Da mahnte ihn der Herr: »Ein Mensch sieht, was vor Augen ist, der Herr aber sieht das Herz an.« Da schaute Samuel alle sieben Söhne des Isai an, denn einen unter ihnen musste Gott erwählt haben. »Ist da nicht noch ein Sohn, Isai, den du mir nicht gezeigt hast?« Isai antwortete: »Ja, aber er ist unser Jüngster, er ist draußen auf dem Feld und hütet unsere Schafe. Wir haben ihm den Namen David gegeben.« Als David, schlank und braungebrannt, vor Samuel stand, sprach der Herr: »Der ist's.« Und Samuel salbte ihn an Ort und Stelle.

Sauls Gemüt verdüsterte sich. Zeiten des Zorns und Zeiten tiefer Traurigkeit wechselten sich bei ihm ab. »Musik könnte ihn aufheitern, seinen unruhigen Geist besänftigen«, sagten seine Diener, »lasst den Sohn Isais rufen, er soll das Harfenspiel meisterlich beherrschen.« Und so kam David an den Hof, erfreute den König mit seinen Weisen und wurde sein Vertrauter. Als aber wieder Krieg ausbrach, die Philister ihre Heere gesammelt hatten, da schickte Saul David heim zu seinem Vater, auf dass der junge Mann keinen Schaden nähme bei dem bevorstehenden Waffengang.
Unter den Philistern war einer, der überragte alle an Körpergröße und Kraft, und er war martialisch gewappnet. Der trat nun vor das Lager des Feindes und rief: »Warum sollen alle in die Schlacht ziehen? Wählt einen aus eurer Mitte, er möge gegen mich antreten. Wenn er mich überwindet, so soll der Sieg euch gehören. Findet sich einer, der gegen mich, Goliat, kämpfen will?« Als ihn die Israeliten erblickten und seine Rede hörten, verzagten sie und große Furcht machte sich breit in ihren Reihen.
Unterdessen sagte Isai zu seinem Sohn: »David, geh hin zu dem Feldlager, bringe deinen Brüdern Proviant und schaue, ob es ihnen noch wohlergeht!« David übergab seine Schafe einem anderen Hirten, packte Brote, Käse und Obst und sah schon von ferne die Wagenburgen der Philister. Von seinen Brüdern hörte er, dass Saul eine große Belohnung ausgesetzt habe für den, der Goliat herausfordere, ihn aber schickten sie fort: »Was willst du hier? Hier ist kein Platz für einen Knaben!« Da ging David zu seinem König und sagte demütig: »Erlaube mir, dass ich für dich und die Unseren kämpfe, ich bin immerhin auf dem Felde bereits mit Bären und anderen wilden Tieren fertiggeworden, also kann ich auch hier mit der Hilfe unseres Gottes bestehen.« Saul lehnte das Angebot ab, als der Junge aber wieder und wieder fragte, sagte er schließlich: »So sei es! Nimm meine königliche Rüstung, auf dass sie dich schützen möge!« Und David schritt leichten Herzens von dannen, die Eisenschienen und den Helm Sauls aber legte er

unterwegs ab. »Ich bin es nicht gewohnt, in solcher Kleidung zu gehen, mir wird mein Hirtenstab ausreichen und die fünf schönen Flusssteine, die ich in der Tasche trage.«
Goliat brach in Hohngelächter aus, als er ihn kommen sah: »Bin ich ein Hund, dass du mit einem Stecken zu mir kommst? Komm rasch herbei, damit ich deine Leiche an die Tiere verfüttern kann!«
David erwiderte: »Du kommst in eiserner Rüstung, mit Speer und Schwert, ich aber komme im Namen des Herrn, den du verspottest.« Und David griff in seine Tasche, holte einen der Steine heraus, spannte ihn in seine Schleuder und traf den Riesen mitten auf die Stirn. Der sank benommen nieder, schnell packte David dessen Schwert und hieb Goliat den Kopf ab. Ein Jubelsturm ging durch die Reihen der Israeliten und sie stürzten sich auf das Lager der Philister. Wenige entkamen ihrem Zorn. David brachte das Haupt Goliats zu seinem König, das Volk ließ ihn hochleben, sein Name war nun in aller Munde.

BATSEBA

Saul machte David zu seinem Feldherrn und sein Sohn Jonatan schloss Freundschaft mit ihm. Isais Sohn eilte nun von Erfolg zu Erfolg, die Leute sangen: »Saul hat tausend erschlagen, David aber zehntausend.« Der König hörte es mit Missfallen, die Düsternis seines Gemüts kehrte zurück, er brütete vor sich hin, sogar Mordgedanken bemächtigten sich seiner Sinne, vielleicht würde David ja bei einem der nächsten Kriegszüge getötet werden?

Dann verliebte sich Sauls Tochter Michal in David und schon bald beschlossen sie zu heiraten. Saul witterte nun eine Verschwörung. Wollte David ihn auf diesem Weg beerben? Und er begann Pläne zur Ermordung des Rivalen zu schmieden. Am besten wäre es, wenn er David eigenhändig tötete, um ihn loszuwerden. Michal aber erkannte die Gefahr und warnte David, so dass er fliehen konnte.

Jahre gingen ins Land. Saul und Jonatan fielen im Kampf gegen die Philister, der große Prophet des Herrn, Samuel, war schon vorher hochbetagt gestorben. Die Israeliten hatten ihren Helden David nun zum König gekrönt, stolz residierte er in seinem Palast in Jerusalem. Die Feinde Israels hatte er bislang immer mit seinem Heer bezwingen können. Sein Feldherr hieß nun Joab, er war ihm treu ergeben. Eines Tages stand David auf dem Dach seiner Residenz und schaute über die Stadt. Da sah er, nicht weit entfernt, eine Frau, die sich auf ihrem Altan wusch. Das war Batseba, die

Frau des Soldaten Uria, die sich unbeobachtet wähnte. David aber gefiel die schöne Frau, er ließ sie in seinen Palast rufen, nutzte seine Königsmacht aus und schlief bei ihr. Bald schon ließ ihn Batseba wissen, dass sie ein Kind erwartete. Uria muss weg, dachte David und ließ Joab mitteilen, dass er wünsche, dass Uria nun dort, wo die Kämpfe des Krieges am heftigsten tobten, eingesetzt werden solle. Uria selbst ließ er ein großzügiges Geschenk zukommen und wünschte ihm viel Glück. Als die Meldung von der Front kam, dass Uria in einen Hinterhalt geraten und umgekommen sei, war Davids Plan aufgegangen. Batseba aber hielt Totenklage für ihren Mann. Als die Zeit der Trauer vorüber war, kehrte sie aber zum König zurück und wurde seine Frau. Keiner hatte das Unrecht bemerkt, aber vor Gott war David zum Mörder und Ehebrecher geworden.

Und er sandte ihm seinen Propheten Nathan. Der sagte: »Höre, David, was sich zugetragen hat: Es lebten zwei Männer beisammen, der eine reich mit großen Viehherden, der andere besaß nur ein kleines Schaf. Das hütete er wie seinen Augapfel. Als der Reiche eines Tages Besuch erwartete, da mochte er kein Tier seiner Herde opfern, sondern ging zu dem Armen und schächtete dessen Lamm.« David unterbrach ihn: »Bring diesen Menschen vor mich und ich werde ihn zum Tode verurteilen! Wie kann er sich am Liebsten des Schwächeren vergreifen!« »Sei nicht so rasch mit deinem Urteil«, sagte Nathan, »du hältst Gericht über dich selbst, denn du hast Uria die Frau weggenommen und ihn in den Tod geschickt! Der Herr hat dich gerettet vor den Nachstellungen Sauls, hat dich zum König salben lassen. Seine Gebote, die in der Bundeslade verzeichnet sind, hast du wissentlich missachtet. Unheil wird über dich kommen.« Batsebas und Davids Kind aber starb am siebten Tag, nachdem es geboren war.

SALOMOS WEISHEIT

Im darauffolgenden Jahr gebar Batseba einen Sohn, den nannten sie Salomo, das heißt Gottes Frieden. Der Prophet Nathan wurde sein Lehrer. Und als David die Regierungsgeschäfte nicht mehr wahrnehmen konnte, trat Salomo seine Nachfolge als König der Israeliten an. Als Erstes verwirklichte er die Pläne seines Vaters, ein festes Haus für ihren Gott bauen zu lassen. Sieben Jahre dauerte die Errichtung des großen Tempels, darin würde man nun auch alle silbernen und goldenen Gerätschaften für den Kultus aus der Stiftshütte sowie die heilige Bundeslade unterbringen können. Zur Einweihung trat Salomo selbst vor den Altar und sprach: »Herr, Gott Israels, es ist kein Gott weder droben im Himmel noch unten auf Erden dir gleich, der du hältst den Bund und die Barmherzigkeit deinen Knechten.«

Eines Nachts erschien Gott Salomo im Schlaf und fragte ihn, was er sich von ihm wünsche. Salomo antwortete, dass er vor allem anderen ein verständiges Herz brauche, um sein Volk im Sinne Gottes führen und richten zu können. Und dem Herrn gefiel, dass Salomo nicht um Reichtum oder langes Leben, Triumph über die Feinde gebeten hatte, und sprach: »Siehe, ich gebe dir ein weises Herz, wie es vor dir keines gegeben hat, und dazu gebe ich dir, worum du nicht gebeten hast, Reichtum und Ehre.« Und so mehrte Salomo das Glück und den Wohlstand seines Volkes, aus vielen Ländern kamen Boten und Besucher, die von der Klugheit des Königs gehört hatten.

Da kamen auch zwei Frauen aus Jerusalem an den Hof und traten vor Salomos Thron. Und die erste begann: »Wir wohnen im gleichen Haus und haben kurz hintereinander beide ein Kind geboren. Nun ist aber der Sohn dieser Frau in der vergangenen Nacht gestorben, sie hat ihn wohl im Schlaf erstickt. Anstatt ihr Ungeschick zu beklagen, hat sie nun mein gesundes Kind gestohlen und mir den Leichnam ihres Kindes in den Arm geschoben. Und als ich erwachte und es nähren wollte, sah ich, dass mir ein fremdes Kind untergeschoben wurde.« »Das stimmt nicht«, rief die andere dazwischen, »mein Kind lebt, ihres ist tot. Sie hat die Geschichte erfunden, um mir mein eigenes Kind zu nehmen!« Die erste Frau widersprach heftig, die zweite blieb bei ihrer Version, der Streit wurde immer heftiger. »Haltet ein!«, sagte der König. »Mir möge ein Schwert gebracht werden. Ich werde das lebende Kind teilen und jede von euch mag eine Hälfte davon bekommen.« »Das ist ein kluges Urteil«, sprach die eine, aber die andere rief entsetzt: »Gebt lieber ihr das Kind, bevor ihr es tötet!« Da richtete Salomo: »Das ist die wirkliche Mutter, ihr Herz schlägt für das Kind. Die andere aber werft ins Gefängnis.« Und alle, die umherstanden, erkannten, dass die Weisheit Gottes in Salomo war.

KÖNIGIN ESTER

Königin Waschti war nicht einverstanden mit dem, was ihr Mann von ihr verlangte. Sie, die immer verschleiert ging, selbst in den Frauengemächern des Palastes von Susa, sollte sich unverhüllt zeigen vor den Fürsten und den versammelten Heerführern, damit er, König Ahasveros von Großpersien, bei einem Trinkgelage mit ihrer Schönheit prahlen konnte? Nur der König selbst und ihre Kammerfrauen hatten je mehr von ihr gesehen als ihre Augen. Diese Bloßstellung widersprach allen Sitten und Gebräuchen. Nein, dieses Fest würde ohne sie auskommen müssen. Da würde der König noch lange nach ihr rufen können.

Für den mächtigen König, dessen Reich von Indien bis zum Mittelmeer reichte, war dies eine gewaltige Demütigung. Ahasveros berief seinen Kronrat ein und dessen Memorandum ließ an Eindeutigkeit nichts zu wünschen übrig. Wenn sich andere Frauen ein Beispiel an Waschti nähmen, dann wären bald alle Männer ehrlos und würden mit Recht verachtet werden. Waschti müsse vom Thron verstoßen werden, der König solle sich eine andere, ihm willfährige Frau zur Gattin nehmen. Ahasveros billigte den Vorschlag und erließ ein Dekret, das in allen seinen Provinzen öffentlich verlesen werden solle in den Sprachen der jeweiligen Länder: Der Mann sei der Herr in seinem Hause!

Danach ließ er seine Fürsten und Aufseher im ganzen Land nach jungen Frauen Ausschau halten, die geeignet wären, die Nachfol-

ge Waschtis im königlichen Haus anzutreten. Sie alle sollten nach Saba gebracht werden, sich in den Gemächern, die den Frauen in seinem Saray vorbehalten waren, einfinden, bis der König nach ihnen riefe. Darunter war auch eine junge Frau, die hieß Ester, sie war eine Waise und stammte wie ihr Vormund Mordechai aus Juda. Dem Aufseher im Harem sagte sie aber nichts von ihrer Herkunft, denn Mordechai, der sehr um sie besorgt war, hatte ihr das so geraten. Als nun der Tag gekommen war, da sie vor den König treten sollte, machte sie durch ihre Schönheit und ihr natürliches Wesen großen Eindruck auf Ahasveros. Er mochte nun keine weiteren Kandidatinnen mehr sehen, setzte Ester die Krone der Herrscherin über das persische Reich aufs Haupt und lud alle Höflinge zu einem Festbankett ein. Und die Herolde sollten in allen Landen den Namen der neuen Königin kundtun.
Derweil schritt der erste unter seinen Fürsten, der mächtige und einflussreiche Haman, am Palasttor vorbei auf dem Weg zum König. Alle Umstehenden, ob reich oder arm, fielen auf die Knie, nur Mordechai, Esters Pflegevater, verweigerte die Geste. Niederknien würde er nur vor seinem Gott. Haman aber ärgerte sich. Und als ihm hinterbracht wurde, dass Mordechai Jude sei, ersann er eine List, wie er sich an dem Mann rächen könne, ohne sich selbst dabei die Hände schmutzig zu machen.
Er würde dem König ein Gesetz vorlegen, das ein Pogrom wider die Juden ermöglichen würde: Wer im Lande Persien lebe, aber nicht nach den Gesetzen des Königs handele, der solle geächtet sein. Ahasveros war einverstanden, siegelte das neue Gesetz, auf dass Haman es dem Volke verkünden möge. Juden konnten fortan im persischen Reich, wenn sie ihrem Glauben folgten, überall getötet, ihr Hab und Gut geplündert werden. Mordechai und die exilierte jüdische Gemeinde waren außer sich vor Entsetzen. Vor dem Palast wurden bereits Galgen errichtet. Ob nicht Ester, die mächtige Königin, doch immer noch eine der ihren, für die jüdische Sache sprechen könne? Ester antwortete Mordechai, dass

auch ihr Einfluss begrenzt sei, sie nicht ungefragt vor den König treten könne. Aber sie wolle schon einen Weg finden, er möge ohne Sorge sein. Und sie ließ einen Boten zu Ahasveros senden, auf dass er zusammen mit Haman zum Nachtmahl zu ihr komme. Unterdessen waren Ahasveros Neuigkeiten zugetragen worden. Ein Mann namens Mordechai habe einen Mordanschlag auf ihn verhindert, den zwei Kammerherren, die eigentlich Wache vor des Königs Wohnung halten sollten, verüben wollten. Und er fragte seine Leibgarde, was der Mann als Belohnung erhalten habe? Sie antworteten, nichts! Da rief Ahasveros seinen Vertrauten Haman und fragte ihn, was man einem Mann geben solle, dem der König Ehre zuteilwerden lassen wolle? Haman entgegnete geschmeichelt, denn um wen anderen als ihn konnte es sich hier handeln, man solle den Mann königlich kleiden und wie einem Herrscher entgegentreten. Das sei das Mindeste, was man tun solle, um einen solchen Mann zu ehren. Da sagte der König: »Dann führe es so aus, wie du es vorgeschlagen hast. Da draußen am Palasttor steht der Mann, sein Name lautet Mordechai. Und hernach kannst du mir folgen zum Mahl bei der Königin.«

Als sie gegessen und getrunken hatten, sagte der König zu Ester: »Nun sage mir, was ist der Anlass dieser Bewirtung, weshalb hast du uns beide zum Mahl empfangen?« Ester erwiderte: »Ich hätte den König nicht belästigt, wenn es nicht um Leib und Leben ginge, um Leib und Leben meines Volkes. Wir sind ohne Grund angeklagt und für vogelfrei erklärt worden.« Ahasveros war erstaunt: »Wer ist es, der so etwas veranlasst hat?« »Haman ist der Feind der Juden«, sagte die Königin, »er hat schon die Galgen für sie ringsum errichten lassen.« Haman erblasste und kniete vor der Königin nieder, bat sie um Beistand. Der König sagte: »Willst du nun auch noch die Königin belästigen oder gewalttätig werden wider sie? Ich höre, dass du bereits Galgen hast aufstellen lassen für die Juden. So sollst du selbst dort hängen, Mordechai wird deine Geschäfte übernehmen.« So kam es, dass fortan Mordechai

Hamans Ring trug und ein umsichtiger und treuer Ratgeber seines Königs war. Den Juden ließ er von Ahasveros Religionsfreiheit zusichern, keiner sollte sich an ihnen wegen ihres Glaubens vergreifen dürfen.

HIOBS QUALEN

In Uz, dem fruchtbaren Nomadenland östlich des Jordans, war Hiob der erfolgreichste Viehzüchter weit und breit. Seine Hirten hüteten Tausende von Schafen und Rindern, Hunderte von Kamelen umfassten seine Karawanen. Und er führte ein großes Haus mit viel Gesinde. Seine Ehe war mit zehn Kindern gesegnet worden, sein ganzer Stolz. Obwohl ihm alles zu glücken schien, war Hiob ein demütiger Mann. Immer wieder dankte er Gott für die Vergünstigungen seines Lebens und brachte ihm reichlich Opfer dar. Versuchungen und Eitelkeiten mied er, es konnte keinen Zweifel geben: Hiob war ein frommer Knecht seines Herrn.
Satan aber erschien vor Gott und sagte: »Hiob ist gottesfürchtig, weil es ihm so gut geht. Nimm ihm sein ganzes Besitztum und er wird dir Flüche senden!« Und Gott antwortete: »Wir wollen ihn auf die Probe stellen, du magst ihm seine Habe nehmen, ihn selbst aber sollst du am Leben lassen!«
Und die Schicksalsschläge setzten nun rasch ein und trafen Hiob mit schrecklicher Wucht. Er mochte den Boten, die ihm die entsetzlichen Nachrichten brachten, kaum glauben: Leute aus Saba seien gekommen und hätten sein ganzes Vieh fortgeführt, seine riesigen Schafherden mitsamt den Hirten seien von einer Feuersbrunst vernichtet worden? Und die Chaldäer hätten seine Kamele an sich gerissen, alle Hirten erschlagen? Ein Wüstensturm habe das Schreckliche vollendet, das Haus seiner Kinder sei zerstört, al-

le drei Töchter und sieben Söhne tot. Hiob stand in fassungsloser Trauer, sagte aber tapfer zu sich: »Ich bin nackt von meiner Mutter Leibe gekommen, nackt werde ich wieder dahinfahren. Der Herr hat's gegeben, der Herr hat's genommen; der Name des Herrn sei gelobt.« Auch sein Körper war mittlerweile mit Geschwüren übersät, den Schädel hatte er sich kahlgeschoren, wie ein Häuflein Elend saß er in den Trümmern seines Hauses.

Seinen Freunden Elifas, Bildad und Zofar, die von dem Unglück gehört hatten und ihn besuchten, klagte Hiob sein Leid. Seine Tage hätten sich nun völlig verdunkelt, der Schmerz über den Tod seiner Kinder sei unermesslich. »Warum hat Gott mir meinen Frieden genommen, mir diese Tortur und Mühsal aufgezwungen?« Die Freunde mühten sich, ihn zu trösten, Bildad aber fragte: »Was hast du getan, dass du Gott so erzürnt hast? Hast du versucht, die Ursache deines Leids zu ergründen? Gott wird nicht ohne Sünde strafen …« Hiob wusste darauf keine Antwort zu geben. Zofar und Elifas aber beharrten: »Weiche uns nicht aus, rede dich nicht heraus! Gestehe deine Schuld und du wirst dein Elend begreifen!« Hiob schwieg. Die Ratschläge und Fragen seiner Freunde nützten ihm nichts, das ganze Palaver war sinnlos. Sein Gespräch aber mit Gott wollte er fortsetzen. Warum konnte nicht alles wieder so sein wie früher, als er ihn noch beschützte? Was hatte er getan, dass Gott ihn in Ungnade fallen ließ? Hätte er nicht wenigstens das Recht auf eine Erklärung seines Unglücks?

Endlich ließ Gott seine Stimme vernehmen: »Wo warst du, als ich die Erde gründete? Sage mir's, wenn du so klug bist! Willst du mein Urteil zunichtemachen und mich schuldig sprechen, dass du recht behältst?« Und Hiob erkannte, dass er ohne Einsicht gesprochen hatte. Ein Streiten mit seinem Gott stand ihm nicht zu. Und er bereute seine Klagen und bat Gott, auch seinen Freunden, die sich eigene Weisheit angemaßt hatten, zu vergeben. Da wendete der Allmächtige die Geschicke Hiobs und glich alle Schäden aus, die ihm zugefügt worden waren. Hiobs Herden wurden zahlreicher denn je, er lebte noch viele Jahre und zeugte erneut zehn Kinder, denen viele Enkel und Urenkel nachfolgten. Und Hiob dankte seinem Gott: »Ich hatte von dir nur vom Hörensagen vernommen, aber nun hat mein Auge dich gesehen.«

JONA UND DER GROSSE FISCH

Der Herr sprach zum Propheten Jona: »Begib dich auf eine Reise ins Land der Assyrer nach Ninive und predige wider das Böse, das sich dort ausgebreitet hat!« Dort unter den Feinden Israels zu predigen, dachte Jona, wird ein sinnloses Unterfangen, ich werde Leib und Leben einbüßen. Trotzdem brach er auf zum Hafen Jafo, um sich einzuschiffen. Das Schiff nahm Kurs auf Tarsus, weit nördlich von Ninive gelegen, denn er wollte vor dem Herrn und seinem Auftrag fliehen. Auf dem Meer kam unerwartet ein starker Sturm auf, das Boot und die Besatzung gerieten in Seenot. Da sagte der Kapitän zu Jona: »Warum schläfst du unter Deck, während wir in Lebensgefahr schweben? Du solltest lieber beten! Vielleicht errettet uns dein Gott aus unserer Bedrängnis?« Die Besatzung aber warf das Los: »Es muss einer unter uns sein, der Sünde auf sich geladen hat.« Und das Los fiel auf Jona. Als das Unwetter immer heftiger wurde, das Schiff zu kentern drohte, da riefen sie: »Sag uns an, was du verbrochen hast, dass wir alle untergehen müssen!« Da antwortete Jona: »Ich bin vor dem Herrn geflohen, es geschieht mir recht. Werft mich ins Meer, die Winde werden sich beruhigen und ihr werdet gerettet sein!« Die Seeleute wollten an Land rudern, aber der Sturm wurde immer stärker und so packten sie den Propheten und schleuderten ihn über Bord. Die Wellen ebbten ab, das Meer lag wieder still und spiegelglatt vor ihnen und sie dankten Gott.

Was aber geschah mit Jona? Der Herr rief einen großen Fisch herbei, der verschlang ihn und der Prophet saß nun Tage und Nächte im Leib des Wals. Er betete: »Herr, du hast mich in die Tiefe geworfen, mich von deinen Augen verstoßen, hilf mir dennoch und ich will deinen Auftrag nun getreulich erfüllen.« Da geschah es, dass der Fisch ihn ausspuckte, und Jona erwachte am Strand. War das alles nur ein böser Traum gewesen? Aber Gott ermahnte ihn ein zweites Mal: »Begib dich rasch nach Ninive ins Zweistromland und predige dort in meinem Namen!« Die Stadt war groß, Tausende von Menschen lebten in ihr, und Jona prophezeite ihnen den baldigen Untergang der Metropole! Nur noch vierzig Tage würden ihnen bleiben, bis das Verderben über sie hereinbräche! Die Menschen erstarrten vor Schreck. Der König von Assyrien legte seinen Purpurmantel ab, hüllte sich in Sackleinen, bestreute seinen Körper mit Asche und befahl allen, den Menschen in Ninive und ihren Tieren, strenges Fasten. Alle sollten umkehren von ihren sündigen Wegen, Gott um Gnade bitten und Buße tun. Und der Herr schaute auf Ninive, sah die Bereitschaft zur Umkehr der Menschen und wollte das Übel, das er über sie bringen wollte, abwenden. Jona aber wollte die Rache vollzogen sehen, ihm missfiel die Barmherzigkeit Gottes. Und er verließ die Stadt, setzte sich nieder und wartete, was geschehen würde. Und der Herr ließ einen Wunderbaum über ihm wachsen und das Laubwerk spendete Jona Schatten. Am nächsten Morgen befielen Raupen den Baum, er verdorrte und Jona lag schmachtend im Sand und dachte, dass nun sein eigenes Ende nah sei. Gott aber wies ihn zurecht: »Meinst du, dass du mit Recht zürnst? Dich jammert der Baum, um den du dich nicht bemüht hast, und mich sollte nicht jammern Ninive, eine so große Stadt, in der mehr als hundertzwanzigtausend Menschen sind?«

JUDIT UND HOLOFERNES

In Persien und Mesopotamien war ein großer Krieg ausgebrochen. König Nebukadnezar wollte endlich seinen Feind Arphaxad, den Herrscher der Meder, besiegen und unterwerfen. Und er forderte alle Völker auf, die westlich seines Reiches lagen, ihn bei dem Feldzug zu unterstützen. Boten wurden ausgesandt bis nach Ägypten, Abessinien, Galiläa, nach Syrien oder dem Libanon. Doch niemand schickte Waffen oder Söldner. Nebukadnezar sei selbst zu schwach für diesen Kampf, hieß es, sonst hätte er kaum um Waffenhilfe gebeten. So brachen Nebukadnezars Truppen ohne fremde Unterstützung auf, belagerten die Festungen der Meder, zerstörten schließlich deren Hauptstadt Ekbatana und töteten ihren König. Nach den Siegesfeiern schwor Nebukadnezar, dass er nun all jene heimsuchen wolle, die ihm die Bündnistreue versagt hatten.

Holofernes war der zweitmächtigste Mann im Reich der Neubabylonier und Feldherr seines Königs. Er sollte das Strafgericht Nebukadnezars ausführen. Als er vor den ersten Grenzen und Stadttoren auftauchte, unterwarfen sich alle dem Feldherrn und seiner riesigen Heerschar, aber Holofernes kannte keine Gnade: Er zerstörte die Städte, ließ morden und plündern, die Tempel der Ungehorsamen schänden: Von Ägypten bis nach Kilikien am östlichsten Mittelmeerrand sollten alle Völker künftig nur noch den Gott Nebukadnezars anbeten.

Die Bewohner Judas waren in heller Aufregung. Das Heer Holofernes' bewegte sich auf ihr kleines Land zu, eine Spur von Brandschatzung und Verderben hinter sich herziehend. Was sollten sie tun? Kapitulation oder Unterwerfung würden ihnen nicht helfen. Jojakim, ihr Hohepriester, riet ihnen, sich zu bewaffnen, die Ortschaften an der Grenze zu befestigen und die wichtigen Bergpässe, die die Truppen auf ihrem Feldzug durchschreiten mussten, zu besetzen und – wenn möglich – zu versperren. Die Israeliten taten, was ihnen geraten wurde. Zusätzlich fasteten sie und zogen sich Bußgewänder an, streuten Asche auf ihre Häupter und baten Gott, ihnen in ihrer Not beizustehen. Holofernes hielt unterdessen Kriegsrat und befragte Achior, den Heerführer der Ammoniter: »Wer ist dieses Volk, das es wagt, aufzubegehren gegen meinen König und seine Armee?« Der antwortete: »Die Israeliten sind aus Ägypten hergezogen in das Land Kanaan, ein mächtiger Gott beschützt sie, lass ab von deinem Plan, sie besiegen zu wollen!« Holofernes spottete: »So liefern wir dich den Israeliten aus, dann magst du sie unterstützen bei ihrem Kampf und zum Sieg führen. Wenn wir aber die Oberhand behalten, dann wirst du auch das Los der Judäer teilen.« Und die Schergen des Holofernes ergriffen ihn und legten ihn am Fuße des Grenzgebirges gefesselt nieder. Als die Israeliten herannahten und Achior befreiten, brachten sie ihn in die Stadt Betulia. Dorthin war auch Holofernes gezogen, er hatte in der Ebene vor der Stadt ein großes Feldlager errichtet, um Betulias Mauern zu schleifen, die Stadt einzunehmen und zu zerstören.

Judit war schön und gottesfürchtig zugleich. Ihr Mann Manasse war schon vor drei Jahren gestorben, sie hatte sich nicht wieder verheiratet. Zu den Leuten in ihrer Heimatstadt Betulia, die kleinmütig und verzagt auf den Angriff der Chaldäer warteten, sprach sie: »Gebt nicht kampflos auf! Erzürnt nicht den Herrn, er wird euch den Beistand nicht verwehren! Ich selbst werde heute Nacht die Stadt verlassen, haltet die Tore hinter mir verschlossen und vertraut mir. Gott wird sich euch durch meine Hand zuwenden!« Und Judit betete zu Gott: »Herr, gib mir die Stärke, zu tun, was ich vorhabe!« Gebadet und gesalbt, angetan mit Ringen und Armreifen und ihrem besten Gewand, verließ sie zusammen mit ihrer Magd die Stadt und strebte dem Heerlager des Holofernes zu. Die Wachen verwunderten sich über die Ankunft Judits: »Was willst du hier, wo kommst du her?« Sie antwortete: »Ich bin eine Israelitin, führt mich rasch zu eurem Feldhauptmann, ich habe wichtige Nachrichten für ihn!« Alle Soldaten liefen im Lager zusammen, staunten über die mutige und schöne Frau, die mit ihrer Gefährtin durch ihre Mitte lief. Die Leibwache brachte sie in das große und prunkvolle Zelt des Holofernes. Der sprach: »Du brauchst keine Angst zu haben, sage mir nur, weshalb du gekommen bist! Dir selbst wird nichts geschehen. Deine Leute aber haben ihr Unglück selbst herbeigeführt, als sie Nebukadnezars Aufforderung nicht Folge geleistet haben. Für sie brauchst du nicht zu bitten!« Judit antwortete: »Höre, Holofernes, die Israeliten wirst du mit dem bloßen Schwert nicht besiegen können, solange ihnen ihr Gott beisteht. Aber wenn deine Belagerung andauert, werden sie zuerst hungern, dann aber die Gebote ihres Herrn missachten und verbotene Speisen zu sich nehmen. Gott wird sich also von ihnen abwenden und der Sieg wird dir gehören. Ich kann nicht länger bei meinem Volk bleiben, wenn es wortbrüchig wird, mich hat Gott für eine andere Mission vorgesehen. Warte noch etwas ab, übe dich in Geduld. Bald wird mich Gott wissen lassen, dass die rechte Stunde gekommen ist, dann magst du deinen Angriff beginnen.« Holofernes gefiel Judits Rede wohl, noch mehr gefiel ihm aber die Frau, die da vor ihm stand. »Richte dich bei uns ein, ich vertraue dir.« Am vierten Tag nach ihrer Ankunft ließ der Feldherr ein kleines Fest in seinem Zelt ankündigen und er wies seine Wachen an: »Ladet die Israelitin ein und es soll reichlich Wein ausgeschenkt werden! Ich brauche sonst keine weiteren Gäste. Wir wollen sehen, ob sie mir widerstehen kann.« Als Judit

eintraf, war Holofernes schon angetrunken und ruhte auf seinem Nachtlager. Es fiel ihr nicht schwer, ihn zu überreden, noch mehr von dem süßen und schweren Wein zu trinken. Und als er schließlich halb betäubt niedersank, packte sie entschlossen sein Schwert und rief: »Gib mir Kraft, du Herr Israels, an diesem Tag!« Mit einem gewaltigen Schlag trennte sie das Haupt des Feldherrn von seinen Schultern. Den Kopf verbarg sie in einem Sack und verließ zusammen mit ihrer Magd unbehelligt das Lager der Feinde.
In Betulia liefen alle Menschen auf dem Platz zusammen, als ihre Rückkehr bekannt wurde. Judit sprach zu ihnen: »Seht her und lobt Gott, der euch den Sieg bringen wird!« Und sie zog das Haupt des Holofernes hervor und das Volk geriet außer sich. »Hängt diesen Torso über unsere Stadtmauer, dann bewaffnet euch, der alles entscheidende Kampf steht bevor!« Als der Morgen anbrach, trauten die Vorposten der Chaldäer ihren Augen nicht, als sie das grausige Bild, das sich ihnen vor Betulia darbot, wahrnahmen. Verwirrt eilten sie zum Feldlager zurück. Im Zelt des Holofernes lag sein verstümmelter Leichnam unter dem Mückennetz der Bettstatt! Die Soldaten erstarrten, Entsetzen machte sich unter ihnen breit, eine ungeordnete Flucht aus dem Lager begann. Da fielen die Israeliten in großer Zahl über sie her, töteten unzählige von ihnen und führten die Besitztümer und Waffen der Feinde heim in ihre Stadt. Zu Judit aber sprachen sie: »Du bist die Krone Jerusalems, du bist der Stolz Israels, mit eigener Hand hast du dies alles vollbracht.« Und sie waren ohne Angst, solange Judit lebte.

DANIEL UND NEBUKADNEZAR

Nebukadnezar, der mächtige Herrscher des neubabylonischen Reiches, das sich vom Persischen Golf über Syrien bis nach Ägypten ausdehnte, hatte bei einem seiner Kriegszüge auch das Land Juda belagert, den Tempel in Jerusalem plündern lassen. Die wertvollen Gerätschaften waren mitgenommen worden, sie standen nun in den Kultstätten der Chaldäer. Und viele Israeliten mussten als Geiseln mit ihnen nach Babylonien ziehen, um dort Nebukadnezar Treue zu schwören und an seinem Hof Dienst zu tun. Darunter waren auch der junge Daniel und seine Freunde.

Der Kämmerer des Königs gab Anweisung, die Fremden aus Juda in Sprache und Wissenschaften der Neubabylonier zu unterweisen. Sie sollten am Königshof wohnen und an den Speisen und dem Wein des Königs teilhaben. Aber Daniel und die Seinen mochten die Speisen nicht zu sich nehmen, da sie nach den Maßgaben ihres Gottes unrein waren. Der Kämmerer hatte ein Einsehen und wies den Aufseher an, dass er ihnen stattdessen Gemüse und Wasser gebe, damit sie nicht Hunger leiden müssten. Schließlich ließ Nebukadnezar die jungen Leute zu sich kommen und war angetan von ihrem Benehmen und ihrer Klugheit, so dass er sie in seine persönliche Dienerschaft übernahm. Und Daniel verbrachte ein ganzes Jahr im Hofstaat des Herrschers.

Im zweiten Jahr hatte der König einen Traum, der ihn in große Unruhe versetzte. Er ließ seine Gelehrten, Sterndeuter und Wahrsager zusammenrufen, aber niemand konnte das nächtliche Erlebnis deuten. Zornig und ohnmächtig zugleich, befahl Nebukadnezar, alle Weisen des Reiches, auch die jungen Neuankömmlinge aus Jerusalem, zu töten. Da sagte Daniel: »Setze bitte den Vollzug deines Urteils noch aus, mein König, ich werde versuchen, dir deinen Traum auszulegen. Gib mir dazu nur eine kurze Bedenkzeit!« Und er eilte zu seinen Freunden, um gemeinsam zu Gott zu beten, auf dass er ihnen offenbar werden lasse, was die Träume Nebukadnezars bedeuteten. Hernach trat er vor den prächtigen Thron des Herrschers und sagte: »Dies ist dein Traum: Du schautest ein mächtiges Bildnis, das dich erschaudern ließ. Es war aus Gold, Silber, Bronze, Eisen und Ton. Da kam ein Stein hernieder, der die Statue zerschmetterte, so dass nur mehr Staub übrigblieb. Der Stein aber wurde zum Berg, der sich über die ganze Welt erstreckte.« Und er setzte hinzu: »Und nun höre, was es bedeutet: Du bist das goldene Haupt dieses Bildnisses, nach dir wird ein silbernes, dann ein bronzenes Zeitalter anbrechen, die Macht dieser Reiche wird mehr und mehr schwinden. Dann wird der Gott des Himmels ein Königreich errichten, das alle anderen Königreiche vernichtet, selbst aber ewig sein wird. Dies alles hat mir mein Gott offenbart.« Daniel mochte kaum glauben, was er danach sah: Nebukadnezar fiel nieder und antwortete: »Alles ist wahr, was du sagst, euer Gott ist ein Gott über allen Göttern und ein Herr über alle Könige.« Und er beschenkte Daniel reich, setzte ihn zum Fürsten ein über alle Edlen Babylons.

Die schönsten Geschichten aus dem Alten Testament

Nacherzählt von Matthias Reiner
Illustriert von Burkhard Neie
Insel-Bücherei Nr. 2056

Jeder kennt diese Geschichten: Adam und Eva werden aus dem Paradies vertrieben, Moses führt die Israeliten durch das Schilfmeer, Judit tötet Holofernes, Jona wird vom Walfisch verschluckt, Salomon schlichtet den Streit der Mütter. Die berühmten Erzählungen aus dem Alten Testament werden hier behutsam nach den überlieferten biblischen Texten erzählt. Burkhard Neie hat den Band gesetzt und mit seinen unverwechselbaren Illustrationen versehen.

INSEL-BÜCHEREI

Die schönsten Sagen der Antike
Nacherzählt von Matthias Reiner
Mit Illustrationen von Burkhard Neie
Insel-Bücherei Nr. 2049

Ali Baba und die vierzig Räuber
Illustriert von Burkhard Neie
Insel-Bücherei Nr. 2055

DIE DREI MÄNNER IM FEUEROFEN

Schwer blieben dennoch die Tage in Babylon für die aus Juda Verschleppten. Nebukadnezar mochte beeindruckt gewesen sein von Daniels Traumdeutung, aber es hinderte ihn nicht daran, eines Tages ein gewaltiges goldenes Götzenbild in der Stadt zu errichten, das jedermann im Reich der Chaldäer anbeten solle. Wer nicht im Angesicht des Idols demütig niederfalle, solle den Feuertod erleiden. Da trug es sich zu, dass drei Männer aus Juda, Schadrach, Mesach und Abed-Nego, beim König angeschwärzt wurden. Sie hätten das königliche Gebot nicht beachtet, seinem neuen Götzen nicht die Ehre erwiesen. Nebukadnezar ließ sie zu sich rufen: »Stimmt es, was mir zugetragen wurde? Weigert ihr euch, niederzuknien vor meinem goldenen Götterbildnis?« Die drei aber antworteten dem König: »Wisse, unser Glaube und unser Gott lassen es nicht zu, dass wir Götzen anbeten. Du magst uns bestrafen, an unserem Glauben wird es nichts ändern!« Da geriet Nebukadnezar in Wut, befahl, einen großen Feuerofen anzufachen, die drei Männer zu binden und in die Glut zu werfen. Auf dem Platz mit dem riesigen Ofen schlugen die Flammen bereits aus der Erde. »Unser Gott wird uns auch in dieser Gefahr beistehen«, versicherten sich die Hebräer. Die Hitze aber war so groß, dass die Feuersbrunst die Schergen tötete, als sie Schadrach, Mesach und Abed-Nedo in den Kessel warfen.

Von ferne betrachtete der König das Feuer mit seinen Getreuen. »Wie kann es sein, dass diese Männer nicht lodern wie Fackeln?

Und ich sehe eine vierte Person, die im Glutofen zu wandeln scheint!« Und er trat näher heran und rief mit lauter Stimme: »Tretet heraus aus dem Ofen, wenn ihr könnt!« Die drei Männer kamen aus dem Feuer hervor, noch nicht einmal ihre Kleidung war versengt. Die Würdenträger staunten und applaudierten. Nebukadnezar aber sprach: »Gelobt sei euer Gott und der Engel, den er euch in die Lohe gesandt hat! Niemand soll euch mehr für euren Glauben anklagen oder verspotten. Kein Gott kann mächtiger sein als der, der euch aus dem Feuer errettet hat!«

DAS GASTMAHL BELSAZARS

Es war ein großes Gelage, das Belsazar aus dem Geschlecht Nebukadnezars in seinem Palast abhielt. Die edelsten Speisen wurden gereicht und der Wein floss in Strömen. Als sich schließlich Trunkenheit der Gäste bemächtigte, befahl Belsazar, die goldenen und silbernen Kultgegenstände aus dem Tempel in Jerusalem herbeizuschaffen, die die Chaldäer bei ihren Feldzügen dort geraubt hatten. Und er ließ die heiligen Kelche mit Wein füllen und stieß an mit seinen Würdenträgern, seinen Frauen und Nebenfrauen. Ein Hoch auf die Götter Babylons!

Da erschien wie aus dem Nichts eine Menschenhand, die hielt einen Stilus, und eine seltsame Schrift wurde sichtbar auf der getünchten Wand des Speisesaals. Der König erschrak. Was hatte das zu bedeuten? Oder bildete er sich das nur ein? Hatte jemand ein Gift in den Wein geschüttet? »Lasst meine Seher kommen! Sie sollen die Zeichen an der Wand deuten! Wer sie entziffert, soll reich entlohnt werden.« Aber auch die Sterndeuter und Weisen standen ratlos vor der Wand. Da sagte die Mutter des Königs: »In deinem Reich, Belsazar, lebt einer, der überstrahlt alle an Klugheit, er versteht es, alle Rätsel und Träume zu deuten. Ruf Daniel herbei, er wird dir die Schrift lesen.« Und so erschien Daniel vor der Tafel des Herrschers. »Deute mir du diese Zeichen und ich werde dich in Purpur kleiden und zum Fürsten erheben!« Daniel antwortete: »Deine Geschenke brauche ich nicht, aber die Schrift will ich dir auslegen: Du hast aus dem Schicksal deiner Vorfahren nichts gelernt, hast dich dem Hochmut anheimgegeben, die heiligen Gefäße aus dem Tempel unseres Gottes entehrt mit deinem Saufgelage. Und du betest zu Göttern, die nichts wissen, nichts sehen und nicht helfen können! Den Gott aber, der alles weiß, hast du nicht geehrt, sondern gelästert. Darum ist die Schrift auf deiner Palastwand erschienen.« »Was aber steht dort geschrieben?« »Mene mene tekel u-partim, das ist, Gott hat dein Königtum gezählt und beendet, man hat dich auf die Waage gestellt und zu leicht befunden, dein Reich fällt.« Belsazar befahl mit zitternder Stimme, den Mann aus Juda wie versprochen zu entlohnen. In der gleichen Nacht aber wurde der mächtige König der Chaldäer von seinem eigenen Gefolge gerichtet.

IN DER LÖWENGRUBE

Darius war nun der neue Herrscher in Babylon und setzte Daniel als Aufseher über die Statthalter des Reiches ein. Und da sich Daniel in allen Staatsangelegenheiten bewährte, vorausschauend und geschickt handelte, wollte Darius ihn allein mit der Führung der Verwaltung des Reiches betrauen. Die Fürsten neideten ihm die Sonderstellung und trachteten, Daniel um seinen Titel und Ruhm zu bringen. Man würde ihn dazu beim König in Misskredit bringen müssen ... Daniels Treue zu seinem Gott war in ganz Babylonien bekannt und so schmiedeten sie einen Plan, der den verhassten Günstling des Königs stürzen sollte. Sie traten auf den Herrscher zu, auf dass er ein Dekret erlasse, das alle unter Strafe stelle, die ihre Wünsche und Bitten an einen anderen als ihn, Darius, den König, richten würden. Das Fehlverhalten solle mit dem Tod in der Löwenarena gebüßt werden. Darius billigte die Eingabe, unterschrieb das neue Gesetz und ließ es verkünden.

Nun konnte die Intrige ihren Lauf nehmen. Daniel betete wie jeden Tag, morgens, mittags und abends, zu seinem Herrn. Er tat dies in seinem Haus, aber die Fenster des Andachtsraums standen offen und Daniel betete laut, sein Haupt gen Jerusalem gerichtet. Dies hinterbrachten die Helfershelfer der Statthalter nun dem König. Und sie selbst gingen auch zu Darius und sagten: »Vor deinem Gesetz, o Herrscher, müssen alle gleich sein. Deshalb ist der Abtrünnige in die Löwengrube zu werfen. Daniel hat sich mit seinen Bitten an seinen Gott statt an Dich gewandt, er hat sich damit ausdrücklich deinem Willen widersetzt!« Der König erschrak, gerne hätte er Daniel vor der Strafe bewahrt, aber das Dekret trug ja sein eigenes Siegel! Also ließ er Daniel gefangen nehmen, fesseln und zu den Löwen führen. Die gewaltige Grube verschloss Darius eigenhändig. Nun muss ihm sein Gott helfen, dachte er und ließ sich zurück in den Palast bringen. Aber das harte Urteil ließ ihn keinen Schlaf finden, schon am frühen Morgen des nächsten Tages eilte er mit seiner Leibwache zu der Menage der Raubtiere. Das Schloss wurde entriegelt, das Gitter geöffnet. Aber Daniel stand dort unten, er war unversehrt! »Höre, Darius, mein Gott hat mir einen Engel gesandt, der den Löwen den Rachen zugehalten hat, sodass sie mir kein Leid antun konnten; denn vor ihm war ich unschuldig.« Darius wies seine Gefolgsleute an, Daniel unverzüglich aus der Grube zu ziehen und an seiner Stelle die intriganten Würdenträger hineinzuwerfen. Von nun an solle der Gott Daniels im ganzen Königreich geachtet werden: »Denn er ist ein lebendiger Gott, der ewig bleibt, er tut Zeichen und Wunder im Himmel und auf Erden.«

DAS GEBET MANASSES, DES KÖNIGS VON JUDA, ALS ER IN BABEL GEFANGEN WAR

Herr, Allmächtiger,
Gott unsrer Väter, Abrahams, Isaaks und Jakobs,
und ihrer gerechten Nachkommen,
der du Himmel und Erde gemacht hast
samt all ihrer Ordnung.
Du hast das Meer gebunden durch dein Gebot
und hast die Tiefe verschlossen und versiegelt
durch deinen furchterregenden und herrlichen Namen,
dass jeder vor dir erschrecken
und sich vor deiner Macht fürchten muss!
Denn unerträglich ist die Größe deiner Herrlichkeit
und unwiderstehlich dein Zorn,
mit dem du die Sünder bedrohst.
Aber die Barmherzigkeit, die du verheißt,
ist unermesslich und unerforschlich.
Denn du bist der Herr, der Höchste,
gütig, langmütig und voller Barmherzigkeit,
und lässt dich der Menschen Übel gereuen.
Du hast aber, Herr, du Gott der Gerechten,
die Buße nicht bestimmt den Gerechten,
Abraham, Isaak und Jakob,
die nicht an dir gesündigt haben,
sondern mir Sünder hast du Buße auferlegt.
Ich habe ja gesündigt, unzählbar wie der Sand am Meer
sind meine Missetaten, Herr, so viele sind es!

Wegen der Fülle meiner Vergehen bin ich nicht würdig,
aufzublicken und die Höhe des Himmels zu schauen.
Hinabgedrückt bin ich durch eine eiserne Fessel,
erheben kann ich mich nicht wegen meiner Sünde.
Keine Ruhe habe ich, weil ich deinen Zorn geweckt
und Böses vor dir getan habe:
Gräuelbilder habe ich aufgestellt und Schändliches verbreitet.
Nun aber beuge ich die Knie meines Herzens
und bitte dich um deine Gnade.
Ach, Herr, ich habe gesündigt
und erkenne meine Missetaten.
Ich bitte und flehe: Vergib mir, Herr, vergib mir!
Richte mich nicht zugrunde wegen meiner Missetaten,
behalte nicht im Gedächtnis meine Übeltaten bis in Ewigkeit,
verdamme mich nicht in die Tiefen der Erde.
Denn du, Herr, bist der Gott derer, die umkehren.
Erweise an mir deine Güte; auch wenn ich unwürdig bin,
wirst du mich nach deiner großen Barmherzigkeit erretten.
Dann will ich dich preisen alle Tage meines Lebens,
denn dich lobt das ganze Himmelsheer,
dein ist die Ehre bis in Ewigkeit,
Amen.